高职高专财务会计专业工学结合模式规划教材

企业财务会计实训
——分岗会计实训（第2版）

■ 孙雨南 宋玉章 主 编
■ 杨晓光 隋 颖 副主编

清华大学出版社
北京

内 容 简 介

本书是《企业财务会计实务——分岗会计实务》(第 2 版)的配套实训教材。本实训教材以公司制企业的经济活动为例,按照会计工作岗位群划分为九个实训项目。学习者可利用本教材实现仿真的账务处理实训过程。教材中的实训资料翔实准确,实训内容具有实用性和可操作性,以便有效地提高学习者对各个岗位会计核算过程的理解,提高学生的实际操作技能。

本书适合高职高专、成人教育等院校财经类专业作为教材使用,也可作为企业会计、财务人员、管理人员、参加初级会计师考试人员的培训和自学教材。

图书在版编目(CIP)数据

企业财务会计实训:分岗会计实训/孙雨南,宋玉章主编.--2 版.--北京:清华大学出版社,2015(2019.1重印)
高职高专财务会计专业工学结合模式规划教材
ISBN 978-7-302-38653-7

Ⅰ. ①企… Ⅱ. ①孙… ②宋… Ⅲ. ①企业管理-财务会计-高等职业教育-教材 Ⅳ. ①F275.2

中国版本图书馆 CIP 数据核字(2014)第 283732 号

责任编辑:刘士平
封面设计:杨 拓
责任校对:刘 静
责任印制:杨 艳

出版发行:清华大学出版社
网 址:http://www.tup.com.cn,http://www.wqbook.com
地 址:北京清华大学学研大厦 A 座 **邮 编**:100084
社 总 机:010-62770175 **邮 购**:010-62786544
投稿与读者服务:010-62776969,c-service@tup.tsinghua.edu.cn
质量反馈:010-62772015,zhiliang@tup.tsinghua.edu.cn
印 装 者:三河市少明印务有限公司
经 销:全国新华书店
开 本:185mm×260mm **印 张**:13 **字 数**:161 千字
版 次:2011 年 3 月第 1 版 2015 年 4 月第 2 版 **印 次**:2019 年 1 月第 4 次印刷
定 价:27.00 元

产品编号:062769-01

第2版前言

Preface

《企业财务会计实训——分岗会计实训》自出版以来，以其分岗性、实用性和可操作性等特点得到了广大高等职业院校师生的关注和厚爱。在此，向对我们教材编写工作给予肯定和鼓励的读者致以真诚的感谢。

本教材定位在会计岗位能力训练上，充分考虑到会计工作特点，将企业的筹集资金、供应过程、生产过程、销售过程、结算业务核算、财务成果的计算与分配、财产清查等典型业务与岗位分工融合，第2版保留了分岗会计实训的基本结构，继续以盟江轴承有限公司的分岗业务为例，力求使业务更全面，票据更规范，数据更准确，将货物运输业增值税专用发票、银行结算凭证等，根据企业实务工作中涉及的原始凭证重新进行了设计。

为了满足部分学校教师教学参考的需求，本书对实训业务提供了参考答案。

《企业财务会计实训——分岗会计实训》(第2版)由黑龙江粮食职业学院孙雨南、辽宁经济职业技术学院宋玉章担任主编；黑龙江广播电视大学杨晓光、哈尔滨学院隋颖担任副主编。孙雨南负责此次修订的总纂及答案编写工作。

本教材是编者们所在高职院校倾力合作的结晶，尽管我们做出了许多努力，但不足之处仍在所难免，恳请广大师生在教材使用过程中继续给予关注和支持，并将意见和建议及时反馈给我们，以便不断改进。

编　者

2015年2月

第1版前言

Preface

本书是《企业财务会计实务——分岗会计实务》的配套实训教材。《企业财务会计实务——分岗会计实务》(宋玉章主编)、《企业财务会计实务学习指南》、《企业财务会计实训——分岗会计实训》以及配套电子课件共同构成"财务会计"课程立体化教材体系,为相关课程教学提供了创新的思路和丰富的素材。本套教材按照高等职业教育的人才培养目标,秉承"工学结合"的理念,理论与实践相结合,突出了分岗性、实务性、实用性和操作性的特点。

本实训教材以公司制企业的经济活动为例,按照会计工作岗位群的工作要求将相关内容划分为九个实训项目,素材丰富,资料翔实,实训内容具有实用性和可操作性。通过实训,可以提高学生对各个岗位会计核算流程的理解,提高学生的实际操作技能。

本实训教材由孙雨南和宋玉章担任主编,杨晓光、隋颖担任副主编。孙雨南负责组织编写和全书的修改与总纂。具体编写分工为:孙雨南(黑龙江广播电视大学(粮食职业学院))负责编写项目一、项目二、项目八;宋玉章(辽宁经济职业技术学院)负责编写项目三、项目六、项目七;隋颖(哈尔滨学院)负责编写项目四、项目五;杨晓光(黑龙江广播电视大学)负责编写项目九。

本书编写和出版得益于东北财经大学刘雪清教授精心指导,以及同行的建议和企业一线会计人员的大力帮助,编写过程中还参考了同行的有关著作,在此深表谢意。限于编者的水平,书中难免有疏漏和不足,恳请同行和读者批评指正。

编　者

2011年2月

目录

Contents

模拟企业资料 …… 1

项目一　出纳岗位 …… 2

项目二　存货核算岗位 …… 9

项目三　固定资产核算岗位 …… 21

项目四　工资薪酬核算岗位 …… 28

项目五　税务核算岗位 …… 35

项目六　债权债务结算岗位 …… 47

项目七　资金核算岗位 …… 59

项目八　收入、费用及利润核算岗位 …… 65

项目九　总账岗位 …… 88

参考答案 …… 93

模拟企业资料

一、模拟企业的基本情况

1. 企业名称：盟江轴承有限公司。

2. 企业地址：南海市长安路7号。

3. 企业纳税人登记号：2201026789785777。

4. 开户银行及账号：中国工商银行新阳支行　2860300600037678。

5. 企业注册资本及股本构成：注册资金2 000万元人民币。其中通顺公司以人民币出资1 020万元，占股份的51%；汇丰公司以固定资产出资560万元，占股份的28%；由张胜利以人民币出资420万元，占股份的21%。

6. 公司设置的主要机构及主要人员：

公司设有采购部、仓储部、销售部、财务部、办公室和一个基本生产车间。

总经理：张广文；财务部经理：李伟；出纳员：王陵。

二、模拟企业生产情况简介

为简化成本核算，盟江轴承有限公司只设一个基本生产车间。主要产品为深沟球轴承6406、深沟球轴承6408，生产原料有高碳轴承钢、不锈钢板、防锈液。

项目一
出纳岗位

一、出纳岗位职责

1. 出纳员负责现金、支票、发票的保管工作，要做到收有记录，支有签字。妥善保管现金、支票、发票，不得丢失。

2. 现金业务要严格按照财务制度和企业制定的现金管理制度的要求办理。对现金收、支的原始凭证认真稽核，不符合规定的有权拒付。

3. 现金要日清月结，按日逐笔记录现金日记账，并按日核对库存现金，做到记录及时、准确、无误。

4. 支票的签发要严格执行银行支票管理制度，不得签逾期支票、空头支票。对签发的支票必须填写用途、金额，除特殊情况外，需填写收款人。应定期监督支票的收回情况。

5. 办理其他银行业务要核对发票金额是否正确、准确，并经领导批准后签发，不得随意办理汇款。

6. 对库存现金要严格按限额留用，不得肆意超出限额。

7. 杜绝“白条抵库”，发现问题及时汇报领导。

8. 按期与银行对账，按月编制银行存款余额调节表，随时处理未达账项。

9. 对领导交与的其他事务按规定办理。

二、实训程序及要求

1. 根据实训资料(一)开设库存现金日记账、银行存款日记账。

2. 根据实训资料(二)填制原始凭证、编制记账凭证。

3. 根据记账凭证登记库存现金日记账、银行存款日记账。

三、实训资料

(一) 2013 年 12 月 1 日有关账户余额见表 1-1。

表 1-1 单位：元

总账账户	明细账户	借方余额	贷方余额
库存现金		3 000.00	
银行存款		1 230 000.00	

（二）2013 年 12 月发生与出纳岗位相关的经济业务如凭证 1-1～凭证 1-11 所示。

【业务 1-1】 12 月 1 日，填制现金支票，提取现金 5 000 元备用。

凭证 1-1

中国工商银行 现金支票存根 Ⅳ Ⅴ234561 附加信息：________ 出票日期　年　月　日 收款人： 金　额： 用　途： 单位主管　　会计	**中国工商银行**现金支票　　　　Ⅳ Ⅴ234561 出票日期（大写）　年　月　日　　付款行名称： 收款人：　　　　　　　　　　　出票人账号： 本支票付款期限十天 人民币（大写）　千 百 十 万 千 百 十 元 角 分 用途________　　　　科目（借） 上列款项请从　　　　对方科目（贷） 我账户支付　　　　　转账日期　年　月　日 出票人签章　　　　　复核　　　记账

【业务 1-2】

凭证 1-2

借　款　单

2013 年 12 月 2 日　　　　　　　　第 0075 号

借款人姓名	郜凯	所属部门	采购部
借款金额	人民币（大写）贰仟元整		￥2 000.00
借款理由	采购材料		现金付讫
审批意见	同意借支	归还时间	12 月 6 日

会计主管：　　　复核：　　　出纳：王陵　　　借款人：郜凯

【业务 1-3】

凭证 1-3

南海市增值税专用发票

发票联

（南海市 国家税务总局监制）

5700033219　　　开票日期：2013 年 12 月 5 日　　　No 0020131

购货单位	名　称：盟江轴承有限公司 纳税人识别号：340208830020288 地　址：南海市长安路 7 号 电　话：88866158 开户行及账号：工行新阳支行 2860300600037678	密码区	2345＜＋54879＊5609　　　 －58＊＞＞4334789＋9　　加密版本：21 280＜＜＊3809505607　　25000332762 527904＞＞＊369784＊　　00012345

货物或应税劳务名称	规格型号	单位	数量	单价	金　额	税率	税　额
复印纸		箱	2	158.00	316.00	17%	54.00
合　计					￥316.00		￥54.00
价税合计（大写）	叁佰柒拾元整	现金收讫				（小写）￥370.00	

销货单位	名　称：南海星河文具商场 纳税人识别号：340802000034210210 地　址：南海市和兴路 121 号 电　话：86333333 开户行及账号：工行和兴支行 2860200700054606	备注	星河文具商场 发票专用章

收款人：　　　复核：　　　开票人：　　　销货单位：（章）

第二联 发票联 购货方记账凭

【业务 1-4】

凭证 1-4

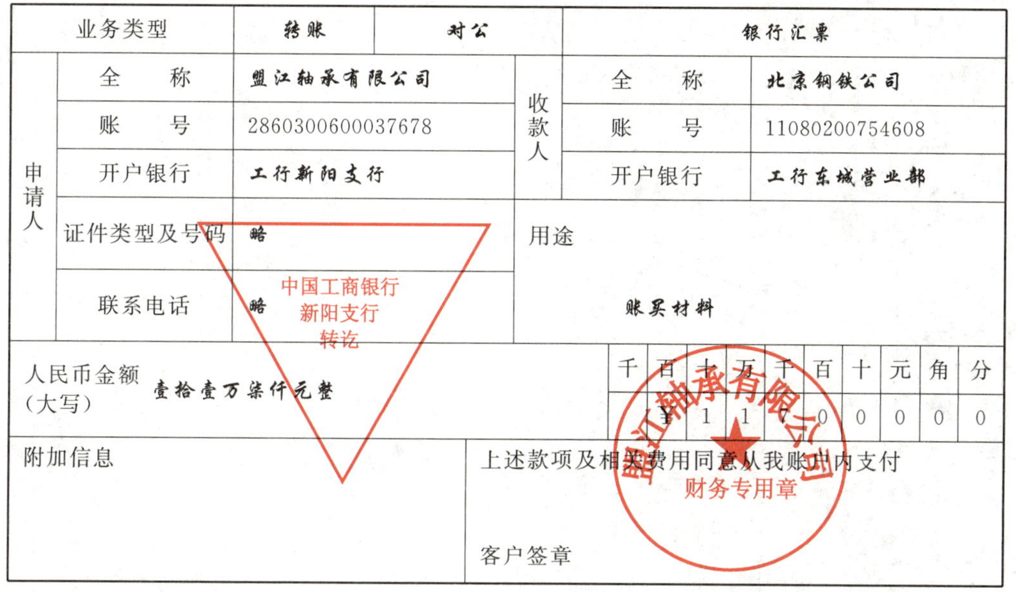

中国工商银行结算业务申请书

2013 年 12 月 3 日

业务类型	转账	对公		银行汇票	
申请人	全　　称	盟江轴承有限公司	收款人	全　　称	北京钢铁公司
	账　　号	2860300600037678		账　　号	11080200754608
	开户银行	工行新阳支行		开户银行	工行东城营业部
	证件类型及号码	略	用途	购买材料	
	联系电话	略			

人民币金额（大写）	千	百	十	万	千	百	十	元	角	分
壹拾壹万柒仟元整		¥	1	1	7	0	0	0	0	0

附加信息	上述款项及相关费用同意从我账户内支付 客户签章

第二联　客户回单

【业务 1-5】

凭证 1-5-1/2

北京市增值税专用发票

发票联

2300033220　　　　No 0038282

开票日期：2013 年 12 月 5 日

购货单位	名　称：盟江轴承有限公司 纳税人识别号：340208830020288 地　址：南海市长安路 7 号 电　话：88866158 开户行及账号：工行新阳支行 2860300600037678	密码区	3427<+54879*7600 -58*>>4398069+9 280<<*6409502512 527904>>*867234*	加密版本：01 34000448762 00054803

货物或应税劳务名称	规格型号	单位	数量	单价	金　额	税率	税　额
钢　板		吨	200	450.00	90 000.00	17%	15 300.00
合　计					¥90 000.00		¥15 300.00
价税合计（大写）	⊗佰⊗拾万伍仟叁佰元整				（小写）¥105 300.00		

销货单位	名　称：北京钢铁公司 纳税人识别号：1108020007546008 地　址：北京市阳光路 124 号 电　话：638656666 开户行及账号：工行东城营业部 11080200754608	备注	

收款人：　　复核：　　开票人：　　销货单位：（章）

第二联　发票联　购货方记账凭证

凭证 1-5-2/2

付款期限
壹 个 月

中国工商银行

银行汇票(多余款收账通知) 4 汇票号码

出票日期：贰零壹叁年拾贰月零叁日
(大写)

代理付款行：工行新阳支行 行号：5621579

收款人：北京钢铁公司		账 号：11080200754608									
出票金额	人民币 (大写) 拾壹万柒仟元整										
实际结算金额	人民币 (大写) 拾万伍仟叁佰元整	千	百	十	万	千	百	十	元	角	分
			¥	1	0	5	3	0	0	0	0

申 请 人：盟江轴承有限公司 账 号：2860300600037678

出 票 行：工行新阳支行

行号：5621579

备 注：购买钢板

凭票付款

出票行签章

中国工商银行
新阳支行
转讫

多余金额										账户(借)______
千	百	十	万	千	百	十	元	角	分	对方账户(贷)______
		¥	1	1	7	0	0	0	0	兑付期限 2014 年 1 月 3 日 复核 记账

此联是出票行兑付后作出票人余款的收账通知

【业务 1-6】

凭证 1-6

中国工商银行信汇凭证(收账通知) 4

委托日期：2013 年 12 月 10 日 应解汇款编号 第 2638 号

汇款人	全 称	昌盛公司		收款人	全 称	盟江轴承有限公司									
	账号或住址	5489040879293890			账号或住址	2860300600037678									
	汇出地点	南京 市/县	汇出行名称：工行南京分行		汇入地点	南海市 市/县	汇入行名称：工行新阳支行								
汇票金额	人民币 (大写) 叁拾壹万元整					千	百	十	万	千	百	十	元	角	分
							¥	3	1	0	0	0	0	0	0
汇款用途：偿还欠款				留行待取 预留收款人印鉴											
款项已收入收款人账户。 汇入行盖章		款项已收妥。 收款人盖章		科目(借)______ 对方科目(贷)______ 汇入行解汇日期 2013 年 12 月 12 日 复核 出纳 记账											

中国工商银行
新阳支行
转讫

此联是收款人开户行给收款人的收账通知

【业务 1-7】

凭证 1-7-1/2

差旅费报销单

部门：采购部　　　　填报日期 2013 年 12 月 12 日

姓名	邹凯						出差事由	采购材料					出差日期	自 2013 年 12 月 4 日 至 2013 年 12 月 7 日共 4 天			
起讫时间及地点						车船费		夜间乘车补助费			出差补助费			住宿费			合计
月	日	起	月	日	讫	类别	金额	时间	标准	金额	日数	标准	金额	日数	标准	金额	金额
12	4		12	7			800.00				4	80.00	320.00	3	180.00	540.00	1 660.00
小计							800.00						320.00			540.00	1 660.00
共计金额（大写）	壹仟陆佰陆拾元整								预支 2 000.00 核销 1 660.00 退补 340.00								

主管：　　　　部门：　　　　审核：　　　　填报人：邹凯

凭证 1-7-2/2

收　　据

2013 年 12 月 12 日

交款单位 采购部　　　　交款人 邹凯

交　　来 预借差旅费　　　　款

人民币(大写) 贰仟元整(实际报销 1 660 元)　　¥ 2 000.00

现金收讫

收款单位　　　　会计主管 李伟　　　　收款人 王陵

财会记账

【业务 1-8】

凭证 1-8

中国工商银行

转账支票存根

支票号码Ⅳ Ⅴ234561

附加信息：

出票日期：2013 年 12 月 13 日

收款人：南海东宁有限责任公司
金　额：¥5 850.00
用　途：预付购买设备款

单位主管 张广文　　会计 李成

【业务 1-9】

凭证 1-9-1/2

南海市增值税专用发票

No 0038282

2300033220　　此联不作报销扣款凭证使用　　开票日期：2013 年 12 月 14 日

购货单位	名　称：江南机械有限公司 纳税人识别号：340208763005087 地　址：南海市幸福路 156 号 电　话：53644257 开户行及账号：工行建新支行 3450300650076345			密码区	3427<+54879*7600 -58*>>4367039+9 280<<*6409502512 527904>>*864567*		加密版本：01 45633890234 00054468
货物或应税劳务名称	规格型号	单位	数量	单价	金　额	税率	税　额
轴承 6408		套	200	400.00	80 000.00	17%	13 600.00
合　计					¥80 000.00		¥13 600.00
价税合计(大写)	⊗佰⊗拾玖万叁仟陆佰元整				(小写)¥93 600.00		
销货单位	名　称：盟江轴承有限公司 纳税人识别号：340208830020288 地　址：南海市长安路 7 号 电　话：88866158 开户行及账号：工行新阳支行 2860300600037678			备注	盟江轴承有限公司 发票专用章		

收款人：　　复核：　　开票人：颜子　　销货单位：(章)

第三联 存根联 销货方记账凭证

凭证 1-9-2/2

中国工商银行进账单(收账通知) 1

进账日期：2013 年 12 月 14 日　　第Ⅳ V 234567 号

收款人	全　称	盟江轴承有限公司	付款人	全　称	江南机械有限公司
	账　号	2860300600037678		账　号	3450300650076345
	开户银行	工行新阳支行		开户银行	工行建新支行
人民币(大写) 玖万叁仟陆佰元整				千百十万千百十元角分	¥9360000
票据种类	支票		收款人开户银行盖章		中国工商银行 新阳支行 转讫
票据张数					
主管　会计　复核　记账					

此联是收款人开户行交给收款人的回单或收账通知

【业务 1-10】

凭证 1-10

中国工商银行现金存款单(回单)

2013 年 12 月 24 日

收款人	全称	盟江轴承有限公司	开户银行	工行新阳支行
	账号	2860300600037678	款项往来	货款

人民币(大写)	叁仟元整	百	十	万	千	百	十	元	角	分
				¥	3	0	0	0	0	0

票面	张数	十	万	千	百	十	元	角	分	票面	张数	百	十	元	角	分	
壹佰元	26			2	6	0	0	0	0	伍角							
伍拾元	8				4	0	0	0	0	贰角							
贰拾元										壹角							
拾 元										伍分							
伍 元										贰分							
贰 元										壹分							(收款银行盖章)
壹 元																	收银员 复核员

中国工商银行新阳支行 2013.12.24 现金收讫

【业务 1-11】

凭证 1-11

注：根据库存现金账面数填制现金盘点报告单。

现金盘点报告表

2013 年 12 月 29 日

实存金额	账存金额	实存账存对比		备注
		盘盈	盘亏	
2 900.00				
分析原因：待查		审批意见：		

盘点人签章： 出纳签章：王陵

项目二 存货核算岗位

一、存货核算岗位职责

1. 会同有关部门拟定存货管理与核算的实施办法。

2. 审查存货的采购计划，控制采购成本，防止盲目采购。

3. 负责存货的明细核算。

4. 配合有关部门制定材料消耗定额，编制材料计划成本目录。

5. 参与库存存货的清查盘点，处理清查账务。

6. 分析存货的储备情况，防止呆滞积压；对于超过正常储备和长期呆滞积压的存货，要分析原因，提出处理建议，督促有关部门处理。

7. 进行存货价值分析，计提存货跌价准备。

二、核算方法

原材料采用计划成本法核算，入库材料的成本差异平时结转，发出材料的成本差异月末集中结转；库存商品和周转材料采用实际成本法核算，发出周转材料采用先进先出法计价；按存货类别计提存货跌价准备。

三、实训程序及要求

1. 根据实训资料(一)开设原材料、库存商品、周转材料明细账。

2. 根据实训资料(二)编制记账凭证。

3. 根据记账凭证登记原材料、库存商品、周转材料明细账。

四、实训资料

(一) 2013 年 12 月 1 日有关账户余额见表 2-1。

表 2-1

总账账户	明细账户	借方余额		
		数　量	计划单位成本/元	总成本/元
原材料	高碳轴承钢	50 吨	3 000.00	150 000.00
	不锈钢板	100 吨	4 000.00	400 000.00
	防锈液	100 桶	100.00	10 000.00

2013 年 12 月 1 日有关账户余额见表 2-2。

表 2-2

总账账户	明细账户	借方余额		
		数　量	单位成本/元	总成本/元
库存商品	深沟球轴承 6406	800 箱	600.00	480 000.00
	深沟球轴承 6408	1 000 箱	720.00	720 000.00
周转材料	包装纸箱	1 000 个	2.80	2 800.00

2013 年 12 月 1 日有关账户余额见表 2-3。

表 2-3

总账账户	明细账户	借方余额/元	贷方余额
材料采购	高碳轴承钢	290 000.00(100 吨)	
材料成本差异		14 114.00	

（二）2013 年 12 月发生与存货岗位相关的经济业务如凭证 2-1-1/4～凭证 2-15 所示。

【业务 2-1】

凭证 2-1-1/4

北京市增值税专用发票

No 0038282

2300033220　　　　发票联　　　　开票日期：2013 年 12 月 5 日

购货单位　名　　称：盟江轴承有限公司
纳税人识别号：340208830020288
地　　址：南海市长安路 7 号
电　　话：88866158
开户行及账号：工行新阳支行 2860300600037678

密码区　3427<+54879*7600
-58*>>4398069+9　　加密版本：01
280<<*6409502512　　34000448762
527904>>*867234*　　00054803

货物或应税劳务名称	规格型号	单位	数量	单价	金　额	税率	税　额
不锈钢板		吨	200	4 100.00	820 000.00	17%	139 400.00
合　计					¥820 000.00		¥139 400.00

价税合计（大写）　⊗佰玖拾伍万玖仟肆佰元整　　（小写）¥959 400.00

销货单位　名　　称：北京钢铁公司
纳税人识别号：1108020007546008
地　　址：北京市阳光路 124 号
电　　话：638656666
开户行及账号：工行东城营业部 11080200754608

备注　北京钢铁公司 发票专用章

收款人：　　复核：　　开票人：　　销货单位：（章）

第二联　发票联　购货方记账凭证

凭证 2-1-2/4

货物运输业增值税专用发票

全国统一发票监制章 北京市 国家税务总局监制

No 07085517

开票日期：2013 年 12 月 22 日

承运人及纳税人识别号	北京市运通物流公司 110802007545621	密码区	略
实际受票方及纳税人识别号	盟江轴承有限公司 340208830020288		
收货人及纳税人识别号	盟江轴承有限公司 340208830020288	发货人及纳税人识别号	北京钢铁公司 1108020007546008
起运地、经由、到达地	北京市—南海市		
费用项目及金额	运费 9 440.00	运输货物信息	
合计金额	9 440.00 税率 11%	税额	1 038.40 机器编号
价税合计(大写)	壹万零肆佰柒拾捌元肆角整		(小写)¥10 478.40
车种车号	车船吨位	备注	北京市运通物流公司 发票专用章
主管税务机关及代码	北京市国税局		

收款人： 复核人： 开票人： 承运人：(章)略

第二联 发票联

凭证 2-1-3/4

付款期限
壹 个 月

中国工商银行

银行汇票(多余款收账通知) 4 汇票号码

出票日期：贰零壹叁年拾贰月零叁日 (大写)

代理付款行：工行新阳支行 行号：5621579

收款人：北京钢铁公司											账 号：11080200754608
出票金额	人民币(大写)壹佰万元整										
实际结算金额	人民币(大写)玖拾陆万玖仟捌佰柒拾捌元肆角整	千	百	十	万	千	百	十	元	角	分
			¥	9	6	9	8	7	8	4	0

中国工商银行 新阳支行 转讫

申 请 人：盟江轴承有限公司 账 号：2860300600037678

出 票 行：工行新阳支行

行号：5621579

备 注：购买钢板

凭票付款

出票行签章

多余金额										账户(借)______
千	百	十	万	千	百	十	元	角	分	对方账户(贷)______ 兑付期限 2014 年 1 月 3 日
		¥	3	0	1	2	1	6	0	复核 记账

此联是出票行兑付后作出票人余款的收账通知

凭证 2-1-4/4

收　料　单

供货单位：北京钢铁公司

发票号码：0038282　　　　2013 年 12 月 6 日　　　　收货仓库：一号库

材料类别	名称及规格	计量单位	数量		实际成本		计划成本		差　异
			应收	实收	单　价	金　额	单　价	金　额	
	不锈钢板	吨	200	200	4 147.20	829 440.00	4 000.00	800 000.00	29 440.00

此联记账联

主管：　　　记账：　　　保管：　　　制单：张静

【业务 2-2】

凭证 2-2-1/2

南海市增值税专用发票

2300033220　　　　发票联　　　　No 0038282

开票日期：2013 年 12 月 8 日

购货单位	名　称：盟江轴承有限公司 纳税人识别号：340208830020288 地　址：南海市长安路 7 号 电　话：88866158 开户行及账号：工行新阳支行 2860300600037678	密码区	3427＜＋54879＊7600 －58＊＞＞4398069＋9 280＜＜＊6409502512 527904＞＞＊867234＊	加密版本：01 34000448762 00054803

货物或应税劳务名称	规格型号	单位	数量	单价	金　额	税率	税　额
防锈液		桶	100	98.00	9 800.00	17%	1 666.00
合　计					￥9 800.00		￥1 666.00
价税合计(大写)	⊗佰⊗拾壹万壹仟肆佰陆拾陆元整					(小写)￥11 466.00	

销货单位	名　称：南海万达化工厂 纳税人识别号：340244670067676 7 地　址：南海市西子路 36 号 电　话：66678912 开户行及账号：工行西子营业部 1108020045632	备注	南海万达化工厂 发票专用章

收款人：　　　复核：　　　开票人：　　　销货单位：(章)

第二联　发票联　购货方记账凭证

凭证 2-2-2/2

中国工商银行
转账支票存根
支票号码Ⅳ Ⅴ234572
附加信息：
出票日期：2013 年 12 月 8 日

收款人：南海万达化工厂
金　额：￥11 466.00
用　途：购买防锈液

单位主管　张广文　会计　李成

【业务 2-3】

凭证 2-3

领 料 单

领料单位：生产车间

用　　途：深沟球轴承 6406　　　　2013 年 12 月 10 日　　　　发料仓库：一号库

材料编号	名称及规格	计量单位	数　量		单位成本	金　额	备　注
			请领	实发			
	不锈钢板	吨	50	50	4 000.00	200 000.00	

此联记账联

发料人：　　　　领料单位负责人：　　　　领料人：江东

【业务 2-4】

凭证 2-4

收 料 单

供货单位：吉林钢铁公司

发票号码：0034564　　　　2013 年 12 月 14 日　　　　收货仓库：二号库

材料类别	名称及规格	计量单位	数　量		实际成本		计划成本		差　异
			应收	实收	单　价	金　额	单　价	金　额	
	高碳轴承钢	吨	100	100	2 900.00	290 000.00	3 000.00	300 000.00	−10 000.00

此联记账联

主管：　　　　记账：　　　　保管：　　　　制单：陈文娜

【业务 2-5】

凭证 2-5

领 料 单

领料单位：生产车间

用　　途：深沟球轴承 6406　　　　2013 年 12 月 15 日　　　　发料仓库：二号库

材料编号	名称及规格	计量单位	数　量		单位成本	金　额	备　注
			请领	实发			
	高碳轴承钢	吨	30	30	3 000.00	90 000.00	

此联记账联

发料人：　　　　领料单位负责人：　　　　领料人：江东

【业务 2-6】

凭证 2-6-1/4

辽宁省增值税专用发票

No 0068822

发票联

2300033220　　　　　　开票日期：2013 年 12 月 16 日

购货单位	名　称：盟江轴承有限公司 纳税人识别号：340208830020288 地　址：南海市长安路 7 号 电　话：88866158 开户行及账号：工行新阳支行 2860300600037678			密码区	3427＜＋54879＊7600 －58＊＞＞4398069＋9 280＜＜＊6409502512 527904＞＞＊867234＊	加密版本：01 34000448762 00054803	
货物或应税劳务名称	规格型号	单位	数量	单价	金　额	税率	税　额
高碳轴承钢		吨	10	3 000.00	30 000.00	17%	5 100.00
合　计					¥30 000.00		¥5 100.00
价税合计(大写)	⊗佰⊗拾叁万伍仟壹佰元整					（小写）¥35 100.00	
销货单位	名　称：鞍山钢铁集团 纳税人识别号：3402446700676767 地　址：鞍山市铁西路 28 号 电　话：66678912 开户行及账号：工行铁西支行 1108020045632			备注	鞍山钢铁集团 发票专用章		

收款人：　　　复核：　　　开票人：　　　销货单位：(章)

第二联　发票联　购货方记账凭证

凭证 2-6-2/4

货物运输业增值税专用发票

No 04084416

开票日期：2013 年 12 月 16 日

承运人及纳税人识别号	鞍山市华运物流公司 340245050454545	密码区	略	
实际受票方及纳税人识别号	盟江轴承有限公司 340208830020288			
收货人及纳税人识别号	盟江轴承有限公司 340208830020288	发货人及纳税人识别号	鞍山钢铁集团 3402446700676767	
起运地、经由、到达地	鞍山市—南海市			
费用项目及金额	运费 246.00	运输货物信息		
合计金额	246.00	税率 11%	税额 27.00	机器编号
价税合计(大写)	贰佰柒拾叁元整		（小写）¥273.00	
车种车号		车船吨位	备注	鞍山市华运物流公司 发票专用章
主管税务机关及代码	鞍山市国税局			

收款人：　　　复核人：　　　开票人：　　　承运人：(章)略

第二联　发票联

凭证 2-6-3/4

中国工商银行结算业务申请书

2013 年 12 月 16 日

业务类型		转账	对公		普通汇兑
申请人	全　　称	盟江轴承有限公司	收款人	全　　称	鞍山钢铁集团
	账　　号	2860300600037678		账　　号	1108020045632
	开户银行	工行新阳支行		开户银行	工行铁西支行
	证件类型及号码	略	用途	账买材料	
	联系电话	略			

人民币金额（大写）	叁万伍仟叁佰柒拾叁元整	千	百	十	万	千	百	十	元	角	分
				¥	3	5	3	7	3	0	0

附加信息	上述款项及相关费用同意从我账户内支付 客户签章

中国工商银行 新阳支行 转讫

盟江轴承有限公司 财务专用章

第二联 客户回单

凭证 2-6-4/4

收　料　单

供货单位：鞍山钢铁集团

发票号码：0068822　　2013 年 12 月 17 日　　收货仓库：二号库

材料类别	名称及规格	计量单位	数量		实际成本		计划成本		差异
			应收	实收	单　价	金　额	单　价	金　额	
	高碳轴承钢	吨	10	10	3 024.60	30 246.00	3 000.00	30 000.00	246.00

主管：　　记账：　　保管：　　制单：陈文娜

此联记账联

【业务 2-7】

凭证 2-7-1/3

南海市增值税专用发票

发票联

2300033220　　No 0023782

开票日期：2013 年 12 月 18 日

购货单位	名　称：盟江轴承有限公司 纳税人识别号：340208830020288 地　址：南海市长安路 7 号 电　话：88866158 开户行及账号：工行新阳支行 2860300600037678				密码区	3427<+54879＊7600 −58＊>>4398069+9 280<<＊6409502512 527904>>＊867234＊	加密版本：01 34000448762 00054803
货物或应税劳务名称	规格型号	单位	数量	单价	金　额	税率	税　额
包装纸箱		个	2 000	3.00	6 000.00	17%	1 020.00
合　计					¥6 000.00		¥1 020.00
价税合计(大写)	柒仟⊗佰贰拾元整				(小写)¥7 020.00		
销货单位	名　称：南海盛大包装厂 纳税人识别号：5678562300234765 地　址：南海市中山路 48 号 电　话：66676543 开户行及账号：工行西子营业部 43090200445673				备注		

收款人：　　复核：　　开票人：　　销货单位：(章)

第二联　发票联　购货方记账凭证

凭证 2-7-2/3

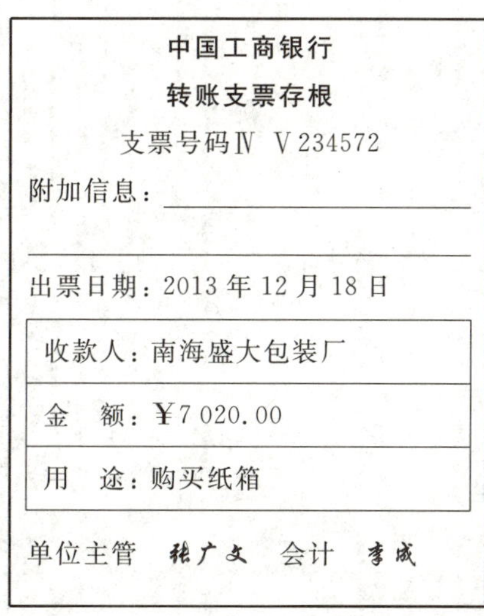

中国工商银行

转账支票存根

支票号码Ⅳ　V234572

附加信息：

出票日期：2013 年 12 月 18 日

收款人：	南海盛大包装厂
金　额：	¥7 020.00
用　途：	购买纸箱

单位主管　张广文　　会计　李成

凭证 2-7-3/3

入 库 单

供货单位：南海盛大包装厂

用　　途：0038282　　　　2013 年 12 月 18 日　　　　收货仓库：二号库

名　称	规　格	单　位	数　量		单　价	金　额	备　注
			应　收	实　收			
包装纸箱		个	2 000	2 000	3.00	6 000.00	
合　计							

此联记账联

记账：　　　　验收：　　　　制单：王晓

【业务 2-8】

凭证 2-8

领 料 单

领料单位：生产车间

用　　途：深沟球轴承 6408　　　　2013 年 12 月 19 日　　　　发料仓库：二号库

材料编号	名称及规格	计量单位	数　量		单位成本	金　额	备　注
			请领	实发			
	高碳轴承钢	吨	8	8	3 000.00	24 000.00	

此联记账联

发料人：　　　　领料单位负责人：　　　　领料人：李南

【业务 2-9】

凭证 2-9

领 料 单

领料单位：生产车间

用　　途：一般耗用　　　　2013 年 12 月 19 日　　　　发料仓库：一号库

材料编号	名称及规格	计量单位	数　量		单位成本	金　额	备　注
			请领	实发			
	不锈钢板	吨	1	1	4 000.00	4 000.00	

此联记账联

发料人：　　　　领料单位负责人：　　　　领料人：江东

【业务 2-10】

凭证 2-10

领 料 单

领料单位：生产车间

用　　途：深沟球轴承 6408　　　　2013 年 12 月 21 日　　　　发料仓库：一号库

材料编号	名称及规格	计量单位	数量		单位成本	金额	备注
			请领	实发			
	防锈液	桶	20	20	100.00	2 000.00	

此联记账联

发料人：　　　　领料单位负责人：　　　　领料人：江东

【业务 2-11】

提示：采用先进先出法结转包装纸箱成本。

凭证 2-11

出 库 单

用　途：深沟球轴承 6406　　　　2013 年 12 月 28 日　　　　发料仓库：二号库

名称	规格	单位	数量		单价	金额	备注
			应领	实领			
包装纸箱		个	800	800			

此联记账联

记账：　　　　验收：　　　　制单：王晓

【业务 2-12】

凭证 2-12

财产清查报告单

2013 年 12 月 30 日

名称	计量单位	数量		盘盈		盘亏		原因
		账存	实存	数量	金额	数量	金额	
防锈液	桶	80	78			2	200	待查
合计								

会计主管：　　　　保管员：　　　　盘点人：陈晓

【业务 2-13】

凭证 2-13-1/2

材料成本差异率计算表

2013 年 12 月 30 日

期初结存材料成本差异 (1)	本月入库材料成本差异 (2)	期初结存材料计划成本 (3)	本月入库材料计划成本 (4)	本月材料成本差异率 (5)=[(1)+(2)]÷[(3)+(4)]×100%

凭证 2-13-2/2

发出材料成本差异计算表

单位：元

材料＼用途		深沟球轴承 6406	深沟球轴承 6408	车间一般耗用	盘亏
高碳轴承钢	计划成本				
	成本差异				
不锈钢板	计划成本				
	成本差异				
防锈液	计划成本				
	成本差异				
成本差异合计					

【业务 2-14】

凭证 2-14

关于财产清查结果的处理意见

财务部：

你部上报的财产清查结果情况，经经理会议研究做出如下处理意见：防锈液的损失由保管员陈晓负担 200 元，其余作营业外支出处理。

总经理：张广文

2013 年 12 月 31 日

【业务 2-15】

凭证 2-15

存货跌价准备计算表

2013 年 12 月 31 日　　　　单位：元

存 货 名 称	账面成本	可变现净值	跌价准备
原材料		1 286 000	
库存商品		1 210 000	
周转材料		6 560	
合　计		2 502 560	

会计主管：　　　　复核：　　　　制表：

项目三
固定资产核算岗位

一、固定资产核算岗位职责

1. 会同有关部门拟定固定资产管理与核算的实施办法。
2. 负责固定资产及其折旧的明细核算。
3. 协助有关部门加强固定资产管理。
4. 会同有关部门定期进行固定资产的清查盘点。
5. 定期分析固定资产的使用效果。
6. 进行固定资产价值分析,重估使用年限,计提固定资产减值准备。

二、核算方法

采用平均年限法计算固定资产折旧;按单项固定资产估计固定资产减值损失。

三、实训程序及要求

根据实训资料(二)编制记账凭证。

四、实训资料

(一) 2013 年 12 月 1 日有关账户余额表见表 3-1。

表 3-1 单位:元

总账账户	明细账户	借方余额	贷方金额
在建工程	仓库建造	500 000.00	
固定资产减值准备			10 000

(二) 2013 年 12 月发生与固定资产岗位相关的经济业务如凭证 3-1-1/3～凭证 3-9 所示。

【业务 3-1】

凭证 3-1-1/3

南海市增值税专用发票

No 0023782

2300033220　　　　发票联　　　　开票日期：2013 年 12 月 18 日

购货单位	名　称：盟江轴承有限公司 纳税人识别号：340208830020288 地　址：南海市长安路 7 号 电　话：88866158 开户行及账号：工行新阳支行 2860300600037678			密码区	3427<+54879*7600 -58*>>4398069+9 280<<*6409502512 527904>>*867234*		加密版本：01 34000448762 00054803
货物或应税劳务名称	规格型号	单位	数量	单　价	金　额	税率	税　额
生产设备	A 型	台	1	50 000.00	50 000.00	17%	8 500.00
合　计					¥50 000.00		¥8 500.00
价税合计(大写)	⊗佰⊗伍万捌仟伍佰元整				(小写)¥58 500.00		
销货单位	名　称：南海市东宁设备公司 纳税人识别号：350603001113336 地址、电话：南海市长江路 251 号 开户行及账号：工行 160300583638077883			备注			

收款人：　　　复核：　　　开票人：　　　销货单位：(章)

第二联　发票联　购货方记账凭证

凭证 3-1-2/3

中国工商银行

转账支票存根

支票号码Ⅳ　V 234572

附加信息：______________

出票日期：2013 年 12 月 18 日

收款人：南海市东宁设备公司
金　额：¥58 500.00
用　途：购买设备

单位主管　张广文　　会计　李成

凭证 3-1-3/3

新增财产验收单

单位名称：盟江轴承有限公司　　　　2013 年 12 月 18 日

设备名称	型号	供应商或厂家	出厂日期	使用年月	使用单位
生产设备	A型	南海市东宁设备公司	2009.12.1	2009.12.18	生产车间
厂总负责	安装部门	验收部门负责人			预计使用年限：10 年
张　玉	王小辉	周立影			原值：50 000 元

【业务 3-2】

凭证 3-2-1/2

中国工商银行

转账支票存根

支票号码Ⅳ　Ⅴ234572

附加信息：

出票日期：2013 年 12 月 19 日

收款人：南海市第二建筑公司
金　额：￥600 000.00
用　途：支付工程款

单位主管　张广文　会计　李成

凭证 3-2-2/2

南海市交通运输业、建筑业、金融保险业、邮电通信业、销售不动产和转让无形资产通用发票

发票联

（印章：全国统一发票监制章　南海市　国家税务局监制）

付款单位(个人)：盟江轴承有限公司				发票代码：37010317865
收款单位：南海市第二建筑公司				发票号码：00073389
税务登记号：6706030011134489				机打票号：
经营项目	单位	数量	单价	金　额
工程款				600 000.00
金额合计(大写) 陆拾万元整				￥600 000.00
备注：				
机器编号：678123543001				开票日期：2013 年 12 月 19 日
税控码：				收款单位(盖章有效)：

（印章：南海市第二建筑公司　财务专用章）

机打发票，手开无效　　　　收款员：王强

【业务 3-3】

凭证 3-3-1/4

固定资产报废申请表

填报单位：生产车间　　　　2013 年 12 月 20 日

公司清查领导小组	张广文	财务处	李伟	计划处	金玉	单位负责	张玉	制表	李红	
报废或盘亏原因	机器陈旧，精度差，修理费用大									配套情况
审批意见	同意报废									
编号	名称	规格型号	单位	数量	原值	折旧	净值	残值	净损失	
CA-1			台	1	120 000	116 000	4 000			

凭证 3-3-2/4

南海市服务、娱乐业、文化体育业专用发票

收款单位：南海市江河服务公司　　发票联　　发票代码：888000987123

付款单位：盟江轴承有限公司　　发票号码：18045055

（印章：全国统一发票监制章 南海市 国家税务总局监制）

项目： 清理费 大写合计：壹仟元整 小写合计：1 000.00

（印章：现金收讫）（印章：南海市江河服务公司 发票专用章）

二 发票联

机打号码：123456　　收款员：李晓波

机器编号：654321　　开票日期：2013 年 12 月 20 日

凭证 3-3-3/4

收　料　单

供货单位：

发票号码：　　　　2013 年 12 月 21 日　　　　单位：元

材料编号	材料名称及规格	计量单位	数量		价格	
			应收	实收	单价	金额
	铁	公斤		1 000	4.50	4 500.00
备注：固定资产报废残料					合计	4 500.00

第二联 记账联

仓库负责人：　　记账：　　保管：陈艳玲　　收料：张军

凭证 3-3-4/4

固定资产清理净损益计算单

2013 年 12 月 21 日　　　　单位：元

原值	已提折旧	减值准备	净值	清理费	清理收入	净收益(损失用"－"表示)

【业务 3-4】

凭证 3-4-1/2

南海市增值税普通发票

5700033219　　发票联　　No 0020131

开票日期：2013 年 12 月 22 日

购货单位	名　称：盟江轴承有限公司 纳税人识别号：340208830020288 地　址：南海市长安路 7 号 电　话：88866158 开户行及账号：工行新阳支行 2860300600037678	密码区	2345<＋54879＊5609 －58＊>>4334789＋9 280<<＊3809505607 527904>>＊369784＊	加密版本：21 25000332762 00012345

货物或应税劳务名称	规格型号	单位	数量	单　价	金　额	税率	税　额
汽车修理费					1 025.64	17%	174.36
合　计					¥1 025.64		¥174.36
价税合计(大写)	壹仟贰佰元整				(小写)¥1 200.00		

销货单位	名　称：南海市友联汽车修理公司 纳税人识别号：34080200034210888 地　址：南海市天平路 121 号 电　话：86666666 开户行及账号：工行开发支行 286020140014369	备注	南海市友联汽车修理公司 发票专用章

收款人：　　复核：　　开票人：　　销货单位：(章)

第二联 发票联 购货方记账凭证

凭证 3-4-2/2

中国工商银行

转账支票存根

支票号码Ⅳ Ⅴ234578

附加信息：

出票日期：2013 年 12 月 22 日

收款人：南海市友联汽车修理公司
金　额：¥1 200.00
用　途：支付修理费

单位主管　张广文　会计　李成

【业务 3-5】

凭证 3-5

财产物资盘盈盘亏报告单

2013 年 12 月 25 日

名　称	规格	单位	单价	账面数		清点数		盘　盈		盘　亏		备　注
				数量	金额	数量	金额	数量	金额	数量	金额	
直流电机	32	台	9 000	2		3				1	5 400	已提折旧 3 600
合　计			9 000							1	5 400	

原因分析：待查　　审批意见：

单位(盖章)：　　财务负责人：　　制表：王力

【业务 3-6】

凭证 3-6

固定资产竣工验收单

固定资产名称	仓库	验收日期	2013 年 12 月 25 日	使用部门	仓储部
型号规格		始建日期	2013 年 3 月 1 日	建造单位	南海市第二建筑公司
固定资产编号	6789-12	竣工日期	2013 年 12 月 25 日	工程成本	1 100 000.00
主要技术参数： 总面积为 200 平方米			验收意见： 达到预定使用状态，验收通过 张广文 2013.12.25		

【业务 3-7】

凭证 3-7

关于财产清查结果的处理意见

财务部：

你部上报的财产清查结果情况，经经理会议研究做出如下处理意见：直流电机的损失作营业外支出处理。

总经理：张广文

2013 年 12 月 31 日

【业务 3-8】

凭证 3-8

固定资产折旧提取计算表

2013 年 12 月 31 日　　单位：元

使用部门	固定资产类别	月初应计提折旧固定资产原值	月折旧率/%	月折旧额
生产车间	房屋及建筑物	8 000 000	0.2	
	机器设备	4 000 000	0.5	
	运输设备	100 000	0.6	
管理部门	房屋及建筑物	2 000 000	0.2	
	机器设备	100 000	0.5	
	运输设备	300 000	0.6	
出　租	机器设备	20 000	0.5	
合　计				

【业务 3-9】

凭证 3-9

固定资产减值准备提取计算表

2013 年 12 月 31 日　　单位：元

固定资产名称	账面原价	累计折旧	账面净值	预计可收回金额	应计提减值准备
车床 JAC20	234 000.00	28 080.00	205 920.00	155 920.00	50 000.00
合　计	234 000.00	28 080.00	205 920.00	155 920.00	50 000.00

会计主管：　　复核：　　制表：王力

项目四
工资薪酬核算岗位

一、工资薪酬核算岗位职责

1. 按规定按月计算职工工资、奖金、离退休人员的离退休金及各种代扣款项(即职工的社会保险)。

2. 监督企业正确地核算工资基金的使用情况,并会同人事部门按批准的工资奖金计划,严格审核正确及时地发放工资。

3. 根据税务部门有关个人所得税的征管规定,按扣税标准对职工个人所得税进行代扣。

4. 按照市房改办有关规定和人事部门的通知办理住房公积金的计算、变更、汇缴、转移和发放工作,按规定做好住房公积金的辅助账登记工作。

5. 计提职工福利和工会经费、职工教育经费,并进行账务处理。

6. 按照工资的用途和领用部门,合理地分配工资费用,正确地计算产品成本。

7. 协助出纳人员发放工资。工资发放完毕后,要及时收回由领款人签字或盖章的工资表附在记账凭证后或按月装订成册,并注明记账凭证编号,妥善保管,定期全数归档。

8. 负责工资事宜的查询和解释,以及工资存折、卡的有关手续。

二、实训程序及要求

根据实训资料填制原始凭证、编制记账凭证。

三、实训资料

2013 年 12 月发生与工资薪酬核算岗位相关的经济业务如凭证 4-1～凭证 4-10 所示。

【业务 4-1】

凭证 4-1

中国工商银行
转账支票存根
支票号码Ⅳ Ⅴ234561
附加信息：______________

____

出票日期：2013 年 12 月 4 日

收款人：盟江轴承有限公司
金　额：￥419 530.2
用　途：发放工资

单位主管 张广文　会计 李成

【业务 4-2】 结转工资扣款。

凭证 4-2

工资结算汇总表

2013 年 12 月　　　　　　　　　　单位：元

部门		略	应付工资	其他代扣款						实发工资
				养老保险	失业保险	医疗保险	住房公积金	个人缴纳小计	代扣个人所得税	
生产车间	工人		227 250	18 180	2 272.5	4 552.5	18 180	43 185	8 900	175 165.00
	管理人员		20 000	1 600	200	400.8	1 600	3 800.8	100	16 099.2
采购部			60 000	4 800	600	1 202.5	4 800	11 402.5	5 800	42 797.50
财务部			49 400	3 400	425	853.7	3 400	8 078.7	3 400	37 921.3
销售部			162 800	13 576	1 697	3 397.8	13 576	32 246.8	7 000	123 553.20
行政部			32 650	2 612	326.5	655.5	2 612	6 206	2 450	23 994.00
合计			552 100	44 168	5 521	11 062.8	44 168	104 919.8	27 650	419 530.2

【业务 4-3】

凭证 4-3

工资费用分配表

2013 年 12 月　　　　　　　　　　单位：元

部门		直接计入	分配计入			合计
			生产工时	分配率	分配金额	
生产车间	深沟球 6406		4 000		90 900	90 900
	深沟球 6408		6 000		136 350	136 350
	小计		10 000	22.725	227 250	227 250
	管理人员	20 000				20 000
采购部		60 000				60 000
财务部		49 400				49 400
销售部		162 800				162 800
行政部		32 650				32 650
合计						552 100

【业务 4-4】 计提五险一金。

凭证 4-4

社保公积金计算表

2013 年 12 月 10 日

部门名称		社保公积金(单位)缴纳合计						
		养老保险	失业保险	医疗保险	工伤保险	生育保险	住房公积金	单位缴纳合计
生产车间	工人(深沟球 6406)	19 998	1 818	6 820.4	454.52	545.6	7 272	36 908.52
	工人(深沟球 6408)	29 997	2 727	10 230.6	681.78	818.4	10 908	55 362.78
	管理人员	4 400	400	1 500.8	100	120	1 600	8 120.8
采购部		13 200	1 200	4 502.5	300	360	4 800	24 362.5
财务部		9 350	850	3 191.3	212.5	255	3 400	17 258.8
销售部		37 334	3 394	12 731	848.5	1 018	13 576	68 901.5
行政部		7 183	653	2 451.3	163.3	195.9	2 612	13 258.5
合　计		121 462	11 042	41 427.9	2 760.6	3 312.9	44 168	224 173.4

【业务 4-5】

凭证 4-5

职工福利费计算表

2013 年 12 月 10 日

应借账户	应付工资/元	计提率/%	计提福利费
生产成本——深沟球 6406	90 900	14	
生产成本——深沟球 6408	136 350	14	
制造费用	20 000	14	
管理费用	142 050	14	
销售费用	162 800	14	
合　　计	552 100	14	

【业务 4-6】

凭证 4-6

工会经费、职工教育经费计算表

2013 年 12 月 10 日

应借账户	应付工资	工会经费计提率/%	金额	教育经费计提率/%	金额
生产成本——深沟球 6406	90 900	2		1.5	
生产成本——深沟球 6408	136 350	2		1.5	
制造费用	20 000	2		1.5	
管理费用	142 050	2		1.5	
销售费用	162 800	2		1.5	
合　　计	552 100	2		1.5	

【业务 4-7】

凭证 4-7-1/5

南　海　市

社会保障费专用缴款书

险种：养老保险金　　　　填开日期：2013 年 12 月 10 日

无银行收讫章无效

缴款单位	登记代码	2201026789785777	收款单位	名　　称	南海市地方税务局
	单位名称	盟江轴承有限公司		开户银行	中国工商银行建新支行
	开户银行	中国工商银行新阳支行		账　　号	2860300650076676
	账　　号	2860300600037678		级　　次	市级
缴纳所属时期					
缴纳金额	人民币(大写)	壹拾陆万伍仟陆佰叁拾元整　¥：165 630.00			
其　中		缴 款 单 位 （盖章） 经办人(章)	税务机关 （盖章） 填写人(章)	上列款项已划转收款单位账户 经办银行(章) 年　月　日	备注：
单　位	121 462.00				
个　人	44 168.00				
滞纳金					
罚　款					

（印章：中国工商银行 新阳支行 转讫）

第一联(收据)国库(银行)收款盖章后退缴款单位(人)作完税凭证

操作员：　　　　限 5 日内缴纳，逾期不缴按日加收 2‰滞纳金

凭证 4-7-2/5

南　海　市

社会保障费专用缴款书

险种：失业保险金　　　　填开日期：2013 年 12 月 10 日

无银行收讫章无效

缴款单位	登记代码	2201026789785777	收款单位	名　　称	南海市地方税务局
	单位名称	盟江轴承有限公司		开户银行	中国工商银行建新支行
	开户银行	中国工商银行新阳支行		账　　号	2860300650076676
	账　　号	2860300600037678		级　　次	市级
缴纳所属时期					
缴纳金额	人民币(大写)	壹万陆仟伍佰陆拾叁元整　¥：16 563.00			
其　中		缴 款 单 位 （盖章） 经办人(章)	税务机关 （盖章） 填写人(章)	上列款项已划转收款单位账户 经办银行(章) 年　月　日	备注：
单　位	11 042.00				
个　人	5 521.00				
滞纳金					
罚　款					

（印章：中国工商银行 新阳支行 转讫）

第一联(收据)国库(银行)收款盖章后退缴款单位(人)作完税凭证

操作员：　　　　限 5 日内缴纳，逾期不缴按日加收 2‰滞纳金

凭证 4-7-3/5

南　海　市

社会保障费专用缴款书

险种：医疗保险金　　　　填开日期：2013 年 12 月 10 日

缴款单位	登记代码	2201026789785777	收款单位	名　　称	南海市地方税务局
	单位名称	盟江轴承有限公司		开户银行	中国工商银行建新支行
	开户银行	中国工商银行新阳支行		账　　号	2860300650076676
	账　　号	2860300600037678		级　　次	市级
缴纳所属时期					

缴纳金额	人民币(大写)	伍万贰仟肆佰玖拾元柒角　¥：52 490.70			
其　中		缴 款 单 位	税务机关	上列款项已划转收款单位账户 经办银行(章)	备注：
单　位	41 427.90				
个　人	11 062.80				
滞纳金		(盖章)	(盖章)		
罚　款		经办人(章)	填写人(章)	年　月　日	

中国工商银行 新阳支行 转讫

无银行收讫章无效

第一联(收据)国库(银行)收款盖章后退缴款单位(人)作完税凭证

操作员：　　　　限 5 日内缴纳，逾期不缴按日加收 2‰滞纳金

凭证 4-7-4/5

南　海　市

社会保障费专用缴款书

险种：工伤保险金　　　　填开日期：2013 年 12 月 10 日

缴款单位	登记代码	2201026789785777	收款单位	名　　称	南海市地方税务局
	单位名称	盟江轴承有限公司		开户银行	中国工商银行建新支行
	开户银行	中国工商银行新阳支行		账　　号	2860300650076676
	账　　号	2860300600037678		级　　次	市级
缴纳所属时期					

缴纳金额	人民币(大写)	贰仟柒佰陆拾元陆角　¥：2 760.60			
其　中		缴 款 单 位	税务机关	上列款项已划转收款单位账户 经办银行(章)	备注：
单　位	2 760.60				
个　人					
滞纳金		(盖章)	(盖章)		
罚　款		经办人(章)	填写人(章)	年　月　日	

中国工商银行 新阳支行 转讫

无银行收讫章无效

第一联(收据)国库(银行)收款盖章后退缴款单位(人)作完税凭证

操作员：　　　　限 5 日内缴纳，逾期不缴按日加收 2‰滞纳金

凭证 4-7-5/5

南　海　市

社会保障费专用缴款书

险种：生育保险金　　　　填开日期：2013 年 12 月 10 日

无银行收讫章无效

缴款单位	登记代码	2201026789785777	收款单位	名　　称	南海市地方税务局
	单位名称	盟江轴承有限公司		开户银行	中国工商银行建新支行
	开户银行	中国工商银行新阳支行		账　　号	2860300650076676
	账　　号	2860300600037678		级　　次	市级
缴纳所属时期					
缴纳金额	人民币（大写）	叁仟叁佰壹拾贰元玖角整		￥：3 312.90	
其　中		缴款单位 （盖章） 经办人（章）	税务机关 （盖章） 填写人（章）	上列款项已划转收款单位账户 经办银行（章） 年　月　日	备注：
单　位	3 312.90				
个　人					
滞纳金					
罚　款					

中国工商银行新阳支行 转讫

第一联（收据）国库（银行）收款盖章后退缴款单位（人）作完税凭证

操作员：　　　　　　　　　　限 5 日内缴纳，逾期不缴按日加收 2‰滞纳金

【业务 4-8】

凭证 4-8

中 华 人 民 共 和 国

个人所得税税收缴款书

南地缴 0534634 号

注册类型：股份公司　　填发日期：2013 年 12 月 10 日　　征收机关：南海市地税局征管分局

缴款单位（人）	代　码		电话		预算科目	编　码	
	全　称	盟江轴承有限公司				名　称	南海市地方税务局
	开户银行	中国工商银行新阳支行				级　次	市级
	账　号	2860300600037678			收缴国库		市中心支库
税款所属时期　年　月　日至　年　月　日					税款限缴日期　年　月　日		
品目名称	课税数量	计税金额或销售收入	税率或单位税额		已缴或扣除额		实缴金额
工薪所得		552 100.00					27 650.00
工薪所得							
金额合计（大写）：贰万柒仟陆佰伍拾元整							￥27 650.00
缴款单位（人） （盖章） 经办人（章）	税务机关 （盖章） 填发人（章）	上列款项已收妥并划转收款单位账户 国库（银行）盖章　　2013 年 12 月 10 日				备注：	

中国工商银行新阳支行 转讫

第一联：（收据联）国库收款盖章后退缴款单位

【业务 4-9】

凭证 4-9

职工困难补助申请

2013 年 12 月 19 日

申请人姓名	程英杰	部　门	生产车间
申请金额	伍佰元整	月工资	
申请理由	孩子病重		
车间主任意见	情况属实，建议补助伍佰元整	厂工会批示　现金付讫	同意工会小组的意见
人民币(大写) 伍佰元整		签收：程英杰	

【业务 4-10】

凭证 4-10

南海市服务、娱乐业、文化体育业专用发票

收款单位：南海市红光培训学校　　发票联　　发票代码：888000456456

付款单位：盟江轴承有限公司　　发票号码：1809399

（印章：南海市 国家税务总局监制）

项目：培训费 大写合计：壹佰伍拾元整　现金收讫 小写合计：150.00

二 发票联

（印章：南海市红光培训学校 发票专用章）

机打号码：345678　　收款员：李晓楠

机器编号：666788　　开票日期：2013 年 12 月 20 日

项目五
税务核算岗位

一、税务核算岗位职责

1. 负责国税增值税专用发票、普通发票、建安劳务发票的及时申领和购买。

2. 负责日常开具增值税专用发票、普通发票、建安劳务发票。

3. 严格对各种发票，特别是增值税专用发票进行审核，及时进行发票认证。

4. 负责对已使用的发票装订成册、入档保管，对未使用的空白发票做好库存管理；按照税务发票的管理规定，对填写错的发票，进行冲票或重新开具正确的发票。

5. 根据企业营业范围和实际经营情况，办理税收减免和退税的申请及申报；负责涉税业务的账务处理及核对工作。

6. 负责编制国税、地税部门需要的各种报表，按时进行地税及国税的纳税申报；对纳税申报、税负情况进行综合分析，提出合理化建议。

7. 办理税务登记及变更等有关事项；负责地税、国税所得税汇算清缴、财产报损等纳税鉴证工作。

8. 配合完成税务部门安排的各种检查以及其他工作。

二、实训程序及要求

1. 根据实训资料(一)开设应交增值税明细账。

2. 根据实训资料(二)的业务完成相应要求，登记应交增值税明细账。

3. 编制增值税纳税申报表及附表(见表 5-2～表 5-9)。

4. 填制缴款书并编制缴税的记账凭证。

三、实训资料

(一) 2013 年 12 月 1 日有关账户余额表见表 5-1。

表 5-1 单位：元

总账账户	明细账户	借方余额	贷方余额
应交税费	应交增值税	6 585.00	

（二）2013 年 12 月发生与税务核算岗位相关的经济业务如凭证 5-1～凭证 5-3 所示。

【业务 5-1】 企业购入不锈钢板一批，增值税专用发票上注明货款 100 000 元，增值税税额 17 000 元，货物尚未到达，货款和进项税款已用银行存款支付。企业的有关会计分录如下。

借：材料采购 100 000

应交税费——应交增值税（进项税额） 17 000

贷：银行存款 117 000

【业务 5-2】 企业从江西红旗机械厂购入机床一台，不需要安装，价款及运输保险等费用合计 200 000 元，增值税专用发票上注明的增值税税额 34 000 元，款项尚未支付。企业的有关会计分录如下。

借：固定资产 200 000

应交税费——应交增值税（进项税额） 34 000

贷：应付账款——江西红旗机械厂 234 000

【业务 5-3】 企业生产车间委托外单位修理机器设备，对方开来的专用发票上注明修理费用 10 000 元，增值税税额 1 700 元，款项已用银行存款支付。企业的有关会计分录如下。

借：制造费用 10 000

应交税费——应交增值税（进项税额） 1 700

贷：银行存款 11 700

【业务 5-4】 企业从北京运华油漆厂购入防锈液一批，增值税专用发票上注明货款 90 000 元，增值税税额 15 300 元；另外向运输公司支付运输费用 5 000 元，增值税税额 550 元。货物已运抵并验收入库。货款、税额和运输费用已用银行存款支付。企业有关的会计分录如下。

借：材料采购 95 000

应交税费——应交增值税（进项税额） 15 850

贷：银行存款 110 850

【业务 5-5】 企业库存材料因意外火灾（非自然灾害）毁损一批，有关增值税专用发票确认的成本为 10 000 元，增值税税额 1 700 元。企业的有关会计分录如下。

借：待处理财产损溢——待处理流动资产损溢 11 700

贷：原材料 10 000

应交税费——应交增值税（进项税额转出） 1 700

【业务 5-6】 企业所属的职工食堂维修领用不锈钢板 5 000 元，其购入时支付的增值税为 850 元。该企业的有关会计分录如下。

借：应付职工薪酬——职工福利 5 850

贷：原材料 5 000

应交税费——应交增值税(进项税额转出)　　　　850

【业务 5-7】 企业销售给南海红星厂深沟球 6408 一批,价款 500 000 元,按规定应收取增值税税额 85 000 元,提货单和增值税专用发票已交给买方,款项尚未收到。该企业的有关会计分录如下。

借:应收账款——南海红星厂　　　　585 000

　贷:主营业务收入　　　　500 000

　　应交税费——应交增值税(销项税额)　　　　85 000

【业务 5-8】 企业为外单位代加工桌椅 200 个,每个收取加工费 100 元,适用的增值税税率为 17%,加工完成,款项已收到并存入银行。企业的有关会计分录如下。

借:银行存款　　　　23 400

　贷:主营业务收入　　　　20 000

　　应交税费——应交增值税(销项税额)　　　　3 400

【业务 5-9】 企业将自己生产的轴承用于制作员工食堂餐车。该批产品的成本为 20 000 元,计税价格为 30 000 元。增值税税率为 17%。该企业的有关会计分录如下。

借:在建工程　　　　25 100

　贷:库存商品　　　　20 000

　　应交税费——应交增值税(销项税额)　　　　5 100

企业领用自己生产的产品销项税额=30 000×17%=5 100(元)

【业务 5-10】 计算 12 月应交增值税。

凭证 5-1

应交增值税计算表

年　月　日至　　年　月　日　　　　单位:元

<table>
<tr><th colspan="3">项　目</th><th>计税金额</th><th>适用税率</th><th>税　额</th><th>备　注</th></tr>
<tr><td rowspan="8">销
项</td><td rowspan="4">应税货物</td><td>货物名称</td><td></td><td></td><td></td><td></td></tr>
<tr><td></td><td></td><td></td><td></td><td></td></tr>
<tr><td></td><td></td><td></td><td></td><td></td></tr>
<tr><td>小　计</td><td></td><td></td><td></td><td></td></tr>
<tr><td rowspan="4">应税劳务</td><td>劳务名称</td><td></td><td></td><td></td><td></td></tr>
<tr><td></td><td></td><td></td><td></td><td></td></tr>
<tr><td></td><td></td><td></td><td></td><td></td></tr>
<tr><td>小　计</td><td></td><td></td><td></td><td></td></tr>
<tr><td rowspan="3">进
项</td><td colspan="4">本期进项税额发生额</td><td></td><td></td></tr>
<tr><td colspan="4">期初留抵进项税额</td><td></td><td></td></tr>
<tr><td colspan="4">进项税额转出</td><td></td><td></td></tr>
<tr><td colspan="5">应纳税额</td><td></td><td></td></tr>
</table>

会计主管:　　　　复核:　　　　制表:

【业务 5-11】 企业出售办公楼一栋,收到 220 000 元存入银行。办公楼的账面原价为 300 000 元,已提折旧 100 000 元,未曾计提减值准备;出售过程中用银行存款支付清理费用 10 000 元。销售其固定资产适用的营业税税率为 5%。

该企业的有关会计处理如下。

(1) 该固定资产转入清理

借：固定资产清理　　200 000

　　累计折旧　　100 000

　　贷：固定资产　　300 000

(2) 收到出售收入 320 000 元

借：银行存款　　220 000

　　贷：固定资产清理　　220 000

(3) 支付清理费用 10 000 元

借：固定资产清理　　10 000

　　贷：银行存款　　10 000

(4) 计算应交营业税

220 000×5%＝11 000(元)

借：固定资产清理　　11 000

　　贷：应交税费——应交营业税　　11 000

(5)结转销售该固定资产的净损失

借：营业外支出　　1 000

　　贷：固定资产清理　　1 000

【业务 5-12】 计算 12 月应交城建税及教育费附加并编制会计分录。

凭证 5-2

应交城建税计算表

年　月　日至　　年　月　日　　　　单位：元

项　目	计税基数		适用税率 3	应交城建税 4=(1+2)×3	备　注
	增值税 1	营业税 2			
			7%		
合　计					

会计主管：　　复核：　　制表：

凭证 5-3

应交教育费附加计算表

年　月　日至　　年　月　日　　　　单位：元

项　目	计税基数		适用税率 3	应交教育费附加 4=(1+2)×3	备　注
	增值税 1	营业税 2			
			3%		
合　计					

会计主管：　　复核：　　制表：

表 5-2　增值税纳税申报表附列资料(表一)

(本期销售情况明细)

税款所属时间：　　年　月

纳税人名称：(公章)　　　　填表日期：　年　月　日　　　　金额单位：元至角分

一、按适用税率征收增值税货物及劳务的销售额和销项税额明细

项　目	栏　次							应税劳务			小　计		
		17%税率			13%税率								
		份数	销售额	销项税额	份数	销售额	销项税额	份数	销售额	销项税额	份数	销售额	销项税额
防伪税控系统开具的增值税专用发票	1												
非防伪税控系统开具的增值税专用发票	2		—	—	—	—	—	—	—	—	—	—	—
开具普通发票	3												
未开具发票	4	—			—			—			—		
小　计	5=1+2+3+4	—			—			—			—		
纳税检查调整	6	—			—			—			—		
合　计	7=5+6	—			—			—			—		

二、简易征收办法征收增值税货物的销售额和应纳税额明细

项　目	栏　次	6%征收率			4%征收率			小　计		
		份数	销售额	应纳税额	份数	销售额	应纳税额	份数	销售额	应纳税额
防伪税控系统开具的增值税专用发票	8									
非防伪税控系统开具的增值税专用发票	9									
开具普通发票	10									

续表

二、简易征收办法征收增值税货物的销售额和应纳税额明细										
项　目	栏　次	6%征收率			4%征收率			小　计		
		份数	销售额	应纳税额	份数	销售额	应纳税额	份数	销售额	应纳税额
未开具发票	11	—			—			—		
小　计	12=8+9+10+11	—			—			—		
纳税检查调整	13	—			—			—		
合　计	14=12+13	—			—			—		
三、免征增值税货物及劳务销售额明细										
项　目	栏　次	免税货物			免税劳务			小　计		
		份数	销售额	税额	份数	销售额	税额	份数	销售额	税额
防伪税控系统开具的增值税专用发票	15				—	—	—			
开具普通发票	16			—			—			—
未开具发票	17	—		—	—		—	—		—
合　计	18=15+16+17	—			—		—	—		

表 5-3　增值税纳税申报表附列资料(表二)

(本期进项税额明细)

税款所属时间：　　年　月

纳税人名称：(公章)　　填表日期：　　年　月　日　　金额单位：元至角分

一、申报抵扣的进项税额				
项　　目	栏　次	份　数	金　额	税　额
(一)认证相符的防伪税控增值税专用发票	1			
其中：本期认证相符且本期申报抵扣	2			
前期认证相符且本期申报抵扣	3			
(二)非防伪税控增值税专用发票及其他扣税凭证	4			
其中：海关进口增值税专用缴款书	5			
农产品收购发票或者销售发票	6			
废旧物资发票	7			
运输费用结算单据	8			
6%征收率	9			
4%征收率	10			
(三)外贸企业进项税额抵扣证明	11	—	—	
当期申报抵扣进项税额合计	12			
二、进项税额转出额				
项　　目	栏　次	税　　额		
本期进项税转出额	13			
其中：免税货物用	14			
非应税项目用、集体福利、个人消费	15			
非正常损失	16			
按简易征收办法征税货物用	17			
免抵退税办法出口货物不得抵扣进项税额	18			
纳税检查调减进项税额	19			
未经认证已抵扣的进项税额	20			
红字专用发票通知单注明的进项税额	21			
三、待抵扣进项税额				
项　　目	栏　次	份　数	金　额	税　额
(一)认证相符的防伪税控增值税专用发票	22	—	—	—
期初已认证相符但未申报抵扣	23			
本期认证相符且本期未申报抵扣	24			
期末已认证相符但未申报抵扣	25			
其中：按照税法规定不允许抵扣	26			
(二)非防伪税控增值税专用发票及其他扣税凭证	27			
其中：海关进口增值税专用缴款书	28			
农产品收购发票或者销售发票	29			
废旧物资发票	30			
运输费用结算单据	31			
6%征收率	32			
4%征收率	33			
	34			

续表

四、其他				
项　　目	栏　次	份　数	金　额	税　额
本期认证相符的全部防伪税控增值税专用发票	35			
期初已征税款挂账额	36	—	—	
期初已征税款余额	37	—	—	
代扣代缴税额	38	—	—	

注：第 1 栏＝第 2 栏＋第 3 栏＝第 23 栏＋第 35 栏－第 25 栏；第 2 栏＝第 35 栏－ 第 24 栏；第 3 栏＝第 23 栏＋第 24 栏－第 25 栏；第 4 栏等于第 5 栏至第 10 栏之和；第 12 栏＝第 1 栏＋第 4 栏＋第 11 栏；第 13 栏等于第 14 栏至第 21 栏之和；第 27 栏等于第 28 栏至第 34 栏之和。

表 5-4　固定资产进项税额抵扣情况表

纳税人识别号：　　　　　　　　　纳税人名称(公章)：　　　　填表日期：　　年　月　日

金额单位：元至角分

项　　目	当期申报抵扣的固定资产进项税额	当期申报抵扣的固定资产进项税额累计
增值税专用发票		
海关进口增值税专用缴款书		
合　　计		

注：本表一式两份，一份纳税人留存，一份主管税务机关留存。

表 5-5　增值税纳税申报表

（适用于增值税一般纳税人）

根据《中华人民共和国增值税暂行条例》第二十二条和第二十三条的规定制定本表。纳税人不论有无销售额，均应按主管税务机关核定的纳税期限按期填报本表，并于次月一日起十五日内，向当地税务机关申报。

税款所属时间：自　　年　月　日至　　年　月　日

填表日期：　　年　月　日　　　　　　　　　　　　　　　　金额单位：元至角分

纳税人识别号							所属行业：
纳税人名称	（公章）	法定代表人姓名		注册地址		营业地址	
开户银行及账号		企业登记注册类型				电话号码	

项　　目		栏　次	一般货物及劳务		即征即退货物及劳务	
			本月数	本年累计	本月数	本年累计
销售额	（一）按适用税率征税货物及劳务销售额	1				
	其中：应税货物销售额	2				
	应税劳务销售额	3				
	纳税检查调整的销售额	4				
	（二）按简易征收办法征税货物销售额	5				
	其中：纳税检查调整的销售额	6				

续表

项目		栏次	一般货物及劳务		即征即退货物及劳务	
			本月数	本年累计	本月数	本年累计
销售额	（三）免、抵、退办法出口货物销售额	7			—	—
	（四）免税货物及劳务销售额	8			—	—
	其中：免税货物销售额	9			—	—
	免税劳务销售额	10			—	—
税款计算	销项税额	11				
	进项税额	12				
	上期留抵税额	13		—		—
	进项税额转出	14				
	免、抵、退货物应退税额	15			—	—
	按适用税率计算的纳税检查应补缴税额	16			—	—
	应抵扣税额合计	17＝12＋13－14－15＋16		—		—
	实际抵扣税额	18（如17＜11，则为17，否则为11）				
	应纳税额	19＝11－18				
	期末留抵税额	20＝17－18		—		—
	简易征收办法计算的应纳税额	21				
	按简易征收办法计算的纳税检查应补缴税额	22			—	—
	应纳税额减征额	23				
	应纳税额合计	24＝19＋21－23				
税款缴纳	期初未缴税额（多缴为负数）	25				
	实收出口开具专用缴款书退税额	26			—	—
	本期已缴税额	27＝28＋29＋30＋31				
	① 分次预缴税额	28		—		—
	② 出口开具专用缴款书预缴税额	29		—	—	—
	③ 本期缴纳上期应纳税额	30				
	④ 本期缴纳欠缴税额	31				
	期末未缴税额（多缴为负数）	32＝24＋25＋26－27				

续表

<table>
<tr><td colspan="2" rowspan="2">项　　目</td><td rowspan="2">栏　次</td><td colspan="2">一般货物及劳务</td><td colspan="2">即征即退货物及劳务</td></tr>
<tr><td>本月数</td><td>本年累计</td><td>本月数</td><td>本年累计</td></tr>
<tr><td rowspan="6">税款缴纳</td><td>其中：欠缴税额(≥0)</td><td>33＝25＋26－27</td><td></td><td>—</td><td></td><td>—</td></tr>
<tr><td>本期应补(退)税额</td><td>34＝24－28－29</td><td></td><td>—</td><td></td><td>—</td></tr>
<tr><td>即征即退实际退税额</td><td>35</td><td>—</td><td>—</td><td></td><td></td></tr>
<tr><td>期初未缴查补税额</td><td>36</td><td></td><td></td><td>—</td><td>—</td></tr>
<tr><td>本期入库查补税额</td><td>37</td><td></td><td></td><td>—</td><td>—</td></tr>
<tr><td>期末未缴查补税额</td><td>38＝16＋22＋36－37</td><td></td><td></td><td>—</td><td>—</td></tr>
<tr><td>授权声明</td><td colspan="2">如果你已委托代理人申报，请填写下列资料：
为代理一切税务事宜，现授权
(地址：　　　　　　　　　　　　　　)
为本纳税人的代理申报人，任何与本申报表有关的往来文件，都可寄予此人。

授权人签字：</td><td>申报人声明</td><td colspan="3">此纳税申报表是根据《中华人民共和国增值税暂行条例》的规定填报的，我相信它是真实的、可靠的、完整的。

声明人签字：</td></tr>
</table>

以下由税务机关填写：

收到日期：　　　　　　　　　　　　接收人：　　　　　　　　　　　　主管税务机关盖章：

表 5-6　中华人民共和国通用税收缴款书

填发日期：　　年　月　日

注册类型：股份公司　　　　　　　　　　　　　　征收机关：南海市地税局征管分局

<table>
<tr><td rowspan="4">缴款单位(人)</td><td>代　　码</td><td></td><td>电话</td><td></td><td rowspan="3">预算科目</td><td>编　码</td><td></td></tr>
<tr><td>全　　称</td><td colspan="3"></td><td>名　称</td><td></td></tr>
<tr><td>开户银行</td><td colspan="3"></td><td>级　次</td><td></td></tr>
<tr><td>账　　号</td><td colspan="3"></td><td colspan="2">收缴国库</td><td>市中心支库</td></tr>
<tr><td colspan="2">税款所属时期</td><td colspan="3">年　月　日至　　年　月　日</td><td colspan="3">税款限缴日期　　年　月　日</td></tr>
<tr><td colspan="2">品目名称</td><td>课税数量</td><td>计税金额或销售收入</td><td>税率或单位税额</td><td colspan="2">已缴或扣除额</td><td>实缴金额</td></tr>
<tr><td colspan="2">增值税</td><td></td><td></td><td></td><td colspan="2"></td><td></td></tr>
<tr><td colspan="7">金额合计(大写)</td><td>¥</td></tr>
<tr><td colspan="2">缴款单位(人)
(盖章)
经办人(章)</td><td>税务机关
(盖章)
填发人(章)</td><td colspan="3">上列款项已收妥并划转收款单位账户
国库(银行)盖章　　年　月　日</td><td colspan="2">备注：</td></tr>
</table>

第一联：(收据联)国库收款盖章后退缴款单位

表 5-7　中华人民共和国通用税收缴款书

填发日期：　　年　月　日

注册类型：<u>股份公司</u>　　　　　　　　征收机关：南海市地税局征管分局

缴款单位(人)	代　码		电话		预算科目	编　码	
	全　称					名　称	
	开户银行					级　次	
	账　号				收缴国库		

税款所属时期	年　月　日至　年　月　日			税款限缴日期	年　月　日
品目名称	课税数量	计税金额或销售收入	税率或单位税额	已缴或扣除额	实缴金额
营业税					
金额合计(大写)					¥

缴款单位(人) (盖章) 经办人(章)	税务机关 (盖章) 填发人(章)	上列款项已收妥并划转收款单位账户 国库(银行)盖章　　年　月　日	备注：

第一联：(收据联)国库收款盖章后退缴款单位

表 5-8　中华人民共和国通用税收缴款书

填发日期：　　年　月　日

注册类型：<u>股份公司</u>　　　　　　　　征收机关：南海市地税局征管分局

缴款单位(人)	代　码		电话		预算科目	编　码	
	全　称					名　称	
	开户银行					级　次	
	账　号				收缴国库		市中心支库

税款所属时期	年　月　日至　年　月　日			税款限缴日期	年　月　日
品目名称	课税数量	计税金额或销售收入	税率或单位税额	已缴或扣除额	实缴金额
城建税			7%		
金额合计(大写)					¥

缴款单位(人) (盖章) 经办人(章)	税务机关 (盖章) 填发人(章)	上列款项已收妥并划转收款单位账户 国库(银行)盖章　　年　月　日	备注：

第一联：(收据联)国库收款盖章后退缴款单位

表 5-9　中华人民共和国教育费附加税收缴款书

填发日期：　　年　月　日　　南地缴 0534633 号

注册类型：股份公司　　　　征收机关：南海市地税局征管分局

缴款单位（人）	代　码		电话		预算科目	编　码	
	全　称					名　称	
	开户银行					级　次	
	账　号				收缴国库		市中心支库
税款所属时期		年　月　日至　年　月　日			税款限缴日期		年　月　日
品目名称		课税数量	计税金额或销售收入	税率或单位税额	已缴或扣除额		实缴金额
				3%			
金额合计（大写）							¥

第一联：（收据联）国库收款盖章后退缴款单位

项目六

债权债务结算岗位

一、债权债务结算岗位职责

1. 建立往来款项结算制度。
2. 负责各种往来款项的明细核算。
3. 及时催收各种应收、暂付款项，清偿应付、暂收款项，做好结算工作。
4. 定期与往来单位对账，进行账款的清查核对，查明不符的原因，报经批准处理。
5. 期末进行应收款项坏账的可能性分析，计提坏账准备金。
6. 办理应收票据贴现等业务。

二、实训程序及要求

1. 根据实训资料(一)开设应收账款、坏账准备明细账。
2. 根据实训资料(二)编制记账凭证。
3. 根据记账凭证登记应收账款明细账。

三、实训资料

(一) 2013 年 12 月 1 日有关账户余额见表 6-1。

表 6-1　账户余额　　单位：元

总账账户	明细账户	借方余额	贷方余额
应收账款	南方公司	30 000.00	
	华光公司	1 230 000.00	
	锦江配件厂	512 800.00	
	金鑫商贸公司	100 000.00	
预付账款	华南钢铁厂	100 000.00	
应付账款	四方化工厂		10 000.00
	鞍山钢铁集团		350 000.00
坏账准备			14 000.00

（二）2013 年 12 月发生与债权债务结算岗位相关的经济业务如凭证 6-1～凭证 6-14 所示。

【业务 6-1】

凭证 6-1

中国工商银行

转账支票存根

支票号码Ⅳ Ⅴ234580

附加信息：____________

出票日期：2013 年 12 月 2 日

收款人：南海市四方化工厂
金　额：¥10 000.00
用　途：偿还欠款

单位主管　张广文　会计　李成

【业务 6-2】

凭证 6-2-1/4

南海市增值税专用发票

No　0038111

2300033220　　此联不作报销、扣款凭证使用　　开票日期：2013 年 12 月 4 日

（印章：全国统一发票监制章 南海市 国家税务总局监制）

购货单位	名　称：江南配件公司 纳税人识别号：3402087630050873 地　址：长春市幸福路 156 号 电　话：53644257 开户行及账号：工行建新支行 4402087630050282			密码区	3427<+54879＊7600 −58＊>>4367039+9 280<<＊6409502512 527904>>＊864567＊		加密版本：01 45633890234 00054468
货物或应税劳务名称	规格型号	单位	数量	单　价	金　额	税率	税　额
轴承 6408		箱	200	1 000.00	200 000.00	17%	34 000.00
合　计					¥200 000.00		¥34 000.00
价税合计（大写）	⊗佰贰拾叁万肆仟元整				（小写）¥234 000.00		
销货单位	名　称：盟江轴承有限公司 纳税人识别号：340208830020288 地　址：南海市长安路 7 号 电　话：88866158 开户行及账号：工行新阳支行 2860300600037678			备注	（印章：盟江轴承有限公司 发票专用章）		

第三联　存根联　销货方记账凭证

收款人：　　复核：　　开票人：赖子　　销货单位：（章）

凭证 6-2-2/4

货物运输业增值税专用发票

南海市　国家税务总局监制

No 03073377

开票日期：2013 年 12 月 4 日

承运人及纳税人识别号	南海市华运物流公司 2302450050061236	密码区	略
实际受票方及纳税人识别号	长春市江南配件公司 3402087630050873		
收货人及纳税人识别号	长春市江南配件公司 3402087630050873	发货人及纳税人识别号	盟江轴承有限公司 340208830020288
起运地、经由、到达地	南海市—长春市		
费用项目及金额	运费 1 171.00	运输货物信息	

合计金额	1 171.00	税率	11%	税额	129.00	机器编号	
价税合计(大写)	壹仟叁佰元整				(小写)¥1 300.00		
车种车号		车船吨位		备注	南海市华运物流公司 发票专用章		
主管税务机关及代码	南海市国税局						

收款人：　　复核人：　　开票人：　　承运人：(章)略

第二联　发票联

凭证 6-2-3/4

中国工商银行

转账支票存根

支票号码Ⅳ Ⅴ234580

附加信息：________________

出票日期：2013 年 12 月 4 日

收款人：	南海市华运物流公司
金　额：	¥1 300.00
用　途：	垫付运费

单位主管　张广文　会计　李成

凭证 6-2-4/4

托收凭证(受理回单)　1

委托日期：2013 年 12 月 4 日

<table>
<tr><td>业务类型</td><td colspan="7">委托收款(□邮划、□电划)　　托收承付(□邮划、□电划)</td></tr>
<tr><td rowspan="3">付款人</td><td>全 称</td><td colspan="2">江南配件公司</td><td rowspan="3">收款人</td><td>全 称</td><td colspan="2">盟江轴承有限公司</td></tr>
<tr><td>账 号</td><td colspan="2">4402087630050282</td><td>账 号</td><td colspan="2">2860300600037678</td></tr>
<tr><td>地 址</td><td>省长春市　开户行</td><td>工行建新支行</td><td>地 址</td><td>省南海市　开户行</td><td>工行新阳支行</td></tr>
<tr><td>金额</td><td colspan="4">人民币(大写)　贰拾叁万伍仟叁佰元整</td><td colspan="3">亿 千 百 十 万 千 百 十 元 角 分
¥ 2 3 5 3 0 0 0 0</td></tr>
<tr><td>款项内容</td><td colspan="2">销货款</td><td>托收凭据名　称</td><td>增值税发票等</td><td>附寄单证张数</td><td colspan="2">3 张</td></tr>
<tr><td colspan="2">商品发运情况</td><td colspan="3">已发运</td><td>合同名称号码</td><td colspan="2">0038111</td></tr>
<tr><td colspan="3">备注：

复核　　记账</td><td colspan="2">款项收妥日期：

年　月　日</td><td colspan="3">中国工商银行
新阳支行
转讫
收款人开户银行签章
2013 年 12 月 4 日</td></tr>
</table>

此联作收款人开户银行给收款单位的受理回单

【业务 6-3】

凭证 6-3-1/2

南海市增值税专用发票

发票联

南海市　国家税务总局监制

2300033220　　　　No 0023776

开票日期：2013 年 12 月 8 日

<table>
<tr><td rowspan="5">购货单位</td><td colspan="5">名　称：盟江轴承有限公司</td><td rowspan="5">密码区</td><td colspan="2">3427<+54879＊7600</td></tr>
<tr><td colspan="5">纳税人识别号：340208830020288</td><td>−58＊>>4398069+9</td><td>加密版本：01</td></tr>
<tr><td colspan="5">地　址：南海市长安路 7 号</td><td>280<<＊6409502512</td><td>34000448762</td></tr>
<tr><td colspan="5">电　话：88866158</td><td>527904>>＊867234＊</td><td>00054803</td></tr>
<tr><td colspan="5">开户行及账号：工行新阳支行 2860300600037678</td><td colspan="2"></td></tr>
<tr><td colspan="2">货物或应税劳务名称</td><td>规格型号</td><td>单位</td><td>数量</td><td>单价</td><td>金　额</td><td>税率</td><td>税　额</td></tr>
<tr><td colspan="2">包装纸箱</td><td></td><td>个</td><td>2 000</td><td>3.00</td><td>6 000.00</td><td>17%</td><td>1 020.00</td></tr>
<tr><td colspan="2">合　计</td><td></td><td></td><td></td><td></td><td>¥6 000.00</td><td></td><td>¥1 020.00</td></tr>
<tr><td colspan="2">价税合计(大写)</td><td colspan="7">⊗佰⊗拾⊗万柒仟零贰拾元整　　(小写)¥7 020.00</td></tr>
<tr><td rowspan="5">销货单位</td><td colspan="5">名　称：南海盛大包装厂</td><td rowspan="5">备注</td><td colspan="2" rowspan="5">南海盛大包装厂
发票专用章</td></tr>
<tr><td colspan="5">纳税人识别号：5678562300234765</td></tr>
<tr><td colspan="5">地　址：南海市中山路 48 号</td></tr>
<tr><td colspan="5">电　话：66676543</td></tr>
<tr><td colspan="5">开户行及账号：工行西子营业部 43090200445673</td></tr>
</table>

收款人：　　复核：　　开票人：　　销货单位：(章)

第二联　发票联　购货方记账凭证

凭证 6-3-2/2

入 库 单

供货单位：南海盛大包装厂

发票号码：0038282　　　　2013 年 12 月 8 日　　　　收货仓库：二号库

名　称	规　格	单　位	数　量		单价/元	金额/元	备　注
			应　收	实　收			
包装纸箱		个	2 000	2 000	3.00	6 000.00	
合　计							

二记账联

记账：　　　　验收：　　　　制单：王晓

【业务 6-4】

凭证 6-4

南海市增值税专用发票

南海市

No　0038112

2300033220　　　　此联不作报销扣款凭证使用　　　　开票日期：2013 年 12 月 9 日

购货单位	名　称：华光公司 纳税人识别号：3402087630050873 地　址：南海市和平路 159 号 电　话：88044258 开户行及账号：工行新恒支行 3450300650076345	密码区	3427＜＋54879＊7600 －58＊＞＞4367039＋9 280＜＜＊6409502512 527904＞＞＊864567＊	加密版本：01 45633890234 00054468

货物或应税劳务名称	规格型号	单位	数量	单价	金　额	税率	税　额
轴承 6406		箱	200	800.00	160 000.00	17%	27 200.00
合　计					￥160 000.00		￥27 200.00
价税合计(大写)	⊗佰壹拾捌万柒仟贰佰元整				(小写)￥187 200.00		

销货单位	名　称：盟江轴承有限公司 纳税人识别号：340208830020288 地　址：南海市长安路 7 号 电　话：88866158 开户行及账号：工行新阳支行 2860300600037678	备注	盟江轴承有限公司 发票专用章

第三联　存根联　销货方记账凭证

收款人：　　　复核：　　　开票人：颜子　　　销货单位：(章)

【业务 6-5】

凭证 6-5-1/2

南海市增值税专用发票

No 0038113

开票日期：2013 年 12 月 11 日

2300033220　　　　此联不作报销扣款凭证使用

购货单位	名　称：红光公司 纳税人识别号：2602087630050345 地　址：南海市建新街 372 号 电　话：42049878 开户行及账号：工行建新支行 3450300650098789				密码区	3427<+54879*7600 -58*>>4367039+9 280<<*6409502512 527904>>*864567*		加密版本：01 45633890234 00054468
货物或应税劳务名称	规格型号	单位	数量	单　价	金　额	税率	税　额	
轴承 6408		箱	100	1 000.00	100 000.00	17%	17 000.00	
合　计					￥100 000.00		￥17 000.00	
价税合计(大写)	⊗佰壹拾壹万柒仟元整					(小写)￥117 000.00		
销货单位	名　称：盟江轴承有限公司 纳税人识别号：340208830020288 地　址：南海市长安路 7 号 电　话：88866158 开户行及账号：工行新阳支行 2860300600037678				备注	盟江轴承有限公司 发票专用章		

收款人：　　　复核：　　　开票人：颜子　　　销货单位：(章)

第三联　存根联　销货方记账凭证

凭证 6-5-2/2

银行承兑汇票　2

出票日期：(大写)　贰零壹叁年壹拾贰月壹拾壹日　　　汇票号码 2486

出票人全称	红光公司			收款人	全　称	盟江轴承有限公司		
出票人账号	3450300650098789				账　号	2860300600037678		
付款行全称	工行建新支行	行号			开户银行	工行新阳支行	行号	
出票金额	人民币(大写) 壹拾壹万柒仟元整					亿 千 百 十 万 千 百 十 元 角 分 ￥ 1 1 7 0 0 0 0 0		
汇票到期日	贰零壹肆年贰月壹拾壹日		本汇票已经承兑到期日由本行付款 承兑行签章 中国工商银行建新支行 办讫			承兑协议编号		
本汇票请你行承兑，此项汇票款我单位承兑协议于到期日前足额交存银行，到期请予以支付。 红光公司 财务专用章 出票人签章			承兑日期　2013 年 12 月 11 日			科目(借) 对方科目(贷) 转账　　年　月　日 复核　　记账		
			备注：					

此联承兑行留存备查，到期支付票款时作借方凭证附件

【业务 6-6】

凭证 6-6-1/2

南海市增值税专用发票

发票联

No 0023782

2300033220

开票日期：2013 年 12 月 13 日

购货单位	名　称：盟江轴承有限公司 纳税人识别号：340208830020288 地　址：南海市长安路 7 号 电　话：88866158 开户行及账号：工行新阳支行 2860300600037678				密码区	3427<＋54879＊7600 －58＊>>4398069＋9 280<<＊6409502512 527904>>＊867234＊		加密版本：01 34000448762 00054803
货物或应税劳务名称	规格型号	单位	数量	单　价	金　额	税率	税　额	
不锈钢板		吨	20	4 000.00	80 000.00	17%	13 600.00	
合　计					￥80 000.00		￥13 600.00	
价税合计(大写)	⊗佰⊗拾玖万叁仟陆佰元整				(小写)￥93 600.00			
销货单位	名　称：南海市华南钢铁厂 纳税人识别号：350603001113336 地 址 、电 话：南海市长江路 432 号 开户行及账号：工行铁西支行 160300583638077883				备注	南海市华南钢铁厂 发票专用章		

收款人：　　复核：　　开票人：　　销货单位：(章)

第二联　发票联　购货方记账凭证

凭证 6-6-2/2

中国工商银行信汇凭证(收账通知)

委托日期：2013 年 12 月 13 日　　应解汇款编号　　第 002639 号

汇款人	全　称	南海市华南钢铁厂			收款人	全　称	盟江轴承有限公司		
	账号或住址	160300583638077883				账号或住址	2860300600037678		
	汇出地点	南海 市/县	汇出行名称	工行铁西支行		汇入地点	南海 市/县	汇入行名称	工行新阳支行
金额	人民币(大写) 陆仟肆佰元整						千 百 十 万 千 百 十 元 角 分		￥ 6 4 0 0 0 0
汇款用途：剩余货款					留行待取 预留收款人印鉴				
款项已收入收款人账户。 汇入行盖章		收款人盖章			科目(借) 对方科目(贷) 汇入行解汇日期　年　月　日 复核　出纳　记账				

中国工商银行新阳支行转讫

此联是给收款人的收账通知

【业务 6-7】

凭证 6-7

托收凭证(收账通知)

委托日期：2013 年 12 月 4 日

<table>
<tr><td>业务类型</td><td colspan="13">委托收款(□邮划、□电划)　托收承付(□邮划、□电划)</td></tr>
<tr><td rowspan="3">付款人</td><td>全 称</td><td colspan="3">江南配件公司</td><td rowspan="3">收款人</td><td>全 称</td><td colspan="7">盟江轴承有限公司</td></tr>
<tr><td>账 号</td><td colspan="3">4402087630050282</td><td>账 号</td><td colspan="7">2860300600037678</td></tr>
<tr><td>地 址</td><td>省长春市</td><td>开户行</td><td>工行建新支行</td><td>地 址</td><td>省南海市</td><td>开户行</td><td colspan="5">工行新阳支行</td></tr>
<tr><td>金额</td><td colspan="5">人民币(大写) 贰拾叁万伍仟叁佰元整</td><td colspan="8">亿 千 百 十 万 千 百 十 元 角 分
¥ 2 3 5 3 0 0 0 0</td></tr>
<tr><td>款项内容</td><td colspan="2">销货款</td><td>托收凭据名称</td><td colspan="2">增值税发票等</td><td colspan="2">附寄单证张数</td><td colspan="6">3 张</td></tr>
<tr><td colspan="2">商品发运情况</td><td colspan="4">已发运</td><td colspan="2">合同名称号码</td><td colspan="6">0038111</td></tr>
<tr><td colspan="3">备注：

复核　记账</td><td colspan="3">款项收妥日期：

2013 年 12 月 14 日</td><td colspan="8">中国工商银行 新阳支行 转讫

收款人开户银行签章
2013 年 12 月 4 日</td></tr>
</table>

此联作收款人开户银行给收款单位的收账通知

【业务 6-8】

凭证 6-8-1/3

南海市增值税专用发票

2300033220　此联不作报销扣款凭证使用　No 0038112　开票日期：2013 年 12 月 16 日

(全国统一发票监制章 南海市 国家税务总局监制)

<table>
<tr><td>购货单位</td><td colspan="4">名　称：星河商贸公司
纳税人识别号：340206789321465
地　址：南海市和兴路 159 号
电　话：88044258
开户行及账号：工行新恒支行 3450300650076345</td><td>密码区</td><td colspan="3">3427<+54879＊7600
−58＊>>4367039+9　加密版本：01
280<<＊6409502512　45633890234
527904>>＊864567＊　00054468</td></tr>
<tr><td>货物或应税劳务名称</td><td>规格型号</td><td>单位</td><td>数量</td><td>单 价</td><td colspan="2">金 额</td><td>税率</td><td>税 额</td></tr>
<tr><td>轴承 6408</td><td></td><td>箱</td><td>300</td><td>1 000.00</td><td colspan="2">300 000.00</td><td>17%</td><td>51 000.00</td></tr>
<tr><td>合　计</td><td></td><td></td><td></td><td></td><td colspan="2">¥300 000.00</td><td></td><td>¥51 000.00</td></tr>
<tr><td>价税合计(大写)</td><td colspan="8">⊗佰叁拾伍万壹仟元整　(小写)¥351 000.00</td></tr>
<tr><td>销货单位</td><td colspan="4">名　称：盟江轴承有限公司
纳税人识别号：340208830020288
地　址：南海市长安路 7 号
电　话：88866158
开户行及账号：工行新阳支行 2860300600037678</td><td>备注</td><td colspan="3">盟江轴承有限公司 发票专用章</td></tr>
</table>

收款人：　复核：　开票人：颜子　销货单位：(章)

第三联 存根联 销货方记账凭证

凭证 6-8-2/3

货物运输业增值税专用发票

No 04050323

开票日期：2013 年 12 月 16 日

承运人及纳税人识别号	南海市华运物流公司 2302450050061236	密码区	略
实际受票方及纳税人识别号	南海市星河商贸公司 3402034560090999		
收货人及纳税人识别号	南海市星河商贸公司 3402034560090999	发货人及纳税人识别号	盟江轴承有限公司 340208830020288
起运地、经由、到达地	南海市—南海市		
费用项目及金额	运费 720.00	运输货物信息	

合计金额	720.00	税率	11%	税额	80.00	机器编号	
价税合计（大写）	捌佰元整				（小写）¥ 800.00		
车种车号		车船吨位		备注	南海市华运物流公司 发票专用章		
主管税务机关及代码	南海市国税局						

第二联 发票联

收款人：　　复核人：　　开票人：　　承运人：（章）略

凭证 6-8-3/3

购销折扣合同

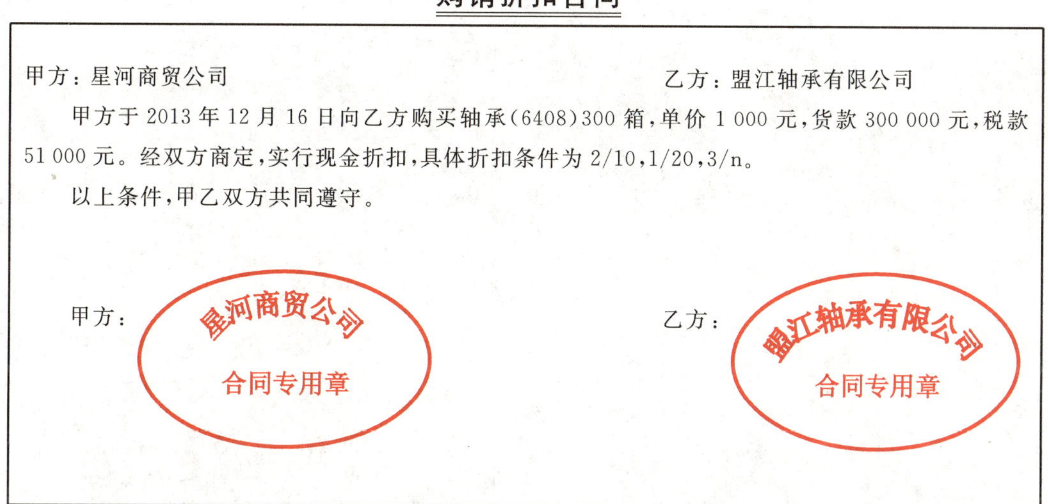

甲方：星河商贸公司　　　　乙方：盟江轴承有限公司

甲方于 2013 年 12 月 16 日向乙方购买轴承（6408）300 箱，单价 1 000 元，货款 300 000 元，税款 51 000 元。经双方商定，实行现金折扣，具体折扣条件为 2/10，1/20，3/n。

以上条件，甲乙双方共同遵守。

甲方：星河商贸公司 合同专用章　　　　乙方：盟江轴承有限公司 合同专用章

【业务 6-9】

凭证 6-9

托收凭证(收账通知)

委托日期:2013 年 11 月 16 日

<table>
<tr><td colspan="2">业务类型</td><td colspan="4">委托收款(□邮划、□电划)</td><td colspan="5">托收承付(□邮划、□电划)</td></tr>
<tr><td rowspan="3">付款人</td><td>全 称</td><td colspan="4">金鑫商贸公司</td><td rowspan="3">收款人</td><td>全 称</td><td colspan="3">盟江轴承有限公司</td></tr>
<tr><td>账 号</td><td colspan="4">560208763078369</td><td>账 号</td><td colspan="3">2860300600037678</td></tr>
<tr><td>地 址</td><td>省南海市</td><td>开户行</td><td colspan="2">工行建设支行</td><td>地 址</td><td>省南海市</td><td>开户行</td><td>工行新阳支行</td></tr>
<tr><td>金额</td><td colspan="8">人民币(大写) 拾万元整</td><td colspan="2">亿 千 百 十 万 千 百 十 元 角 分
¥ 1 0 0 0 0 0 0 0</td></tr>
<tr><td colspan="2">款项内容</td><td>销货款</td><td>托收凭据名 称</td><td colspan="2"></td><td colspan="2">附寄单证张数</td><td colspan="3">1 张</td></tr>
<tr><td colspan="2">商品发运情况</td><td colspan="4">已发运</td><td colspan="2">合同名称号码</td><td colspan="3">0038111</td></tr>
<tr><td colspan="3">备注:
银行承兑汇票到期收款

复核 记账</td><td colspan="3">款项收妥日期:

2013 年 12 月 17 日</td><td colspan="5">中国工商银行
新阳支行
转讫

收款人开户银行签章
2013 年 12 月 17 日</td></tr>
</table>

此联作收款人开户银行给收款单位的收账通知

【业务 6-10】

凭证 6-10

财务部:

应收南方公司货款 30 000 元,逾期三年无法收回,经批准同意核销,转作坏账。

总经理(签字):张广文

2013 年 12 月 19 日

【业务 6-11】

凭证 6-11-1/2

中国工商银行进账单(回单或收账通知)　1

进账日期：2013 年 12 月 25 日　　　　第Ⅳ Ⅴ234567 号

收款人	全　称	盟江轴承有限公司	付款人	全　称	星河商贸公司
	账　号	2860300600037678		账　号	3450300650076345
	开户银行	工行新阳支行		开户银行	工行新恒支行

人民币(大写) 叁拾肆万伍仟捌佰元整	千	百	十	万	千	百	十	元	角	分
		¥	3	4	5	8	0	0	0	0

票据种类	支票	
票据张数		
主管　会计　复核　记账		收款人开户银行盖章

中国工商银行 新阳支行 转讫

此联是收款人开户行交给收款人的回单或收账通知

凭证 6-11-2/2

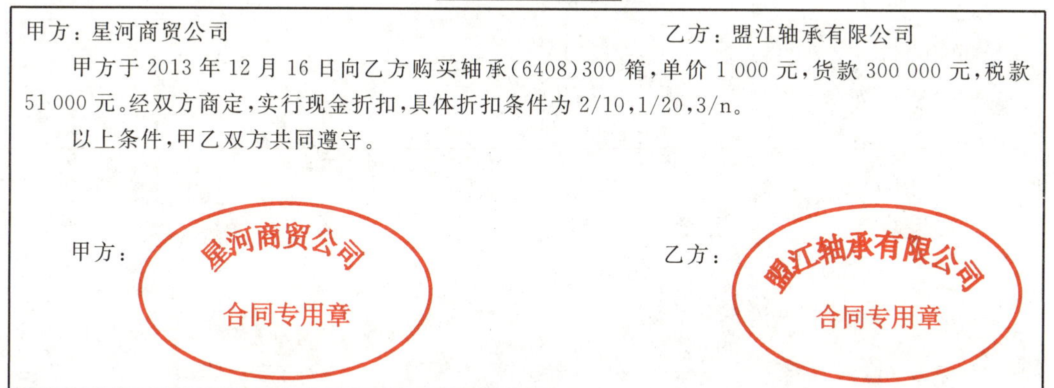

购销折扣合同

甲方：星河商贸公司　　　　乙方：盟江轴承有限公司

甲方于 2013 年 12 月 16 日向乙方购买轴承(6408)300 箱，单价 1 000 元，货款 300 000 元，税款 51 000 元。经双方商定，实行现金折扣，具体折扣条件为 2/10，1/20，3/n。

以上条件，甲乙双方共同遵守。

甲方：星河商贸公司 合同专用章　　　　乙方：盟江轴承有限公司 合同专用章

【业务 6-12】

凭证 6-12

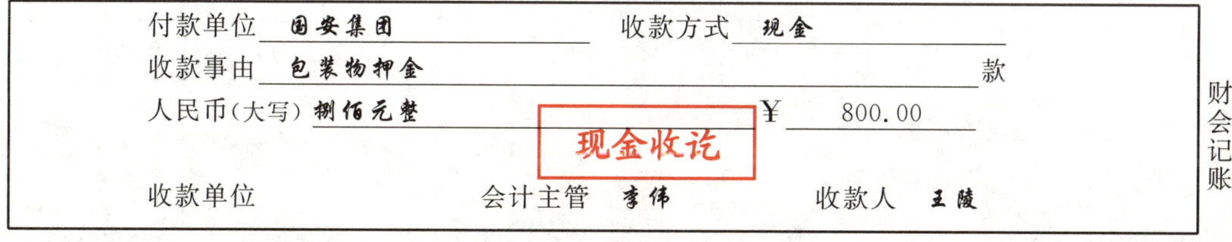

收款收据

2013 年 12 月 29 日

付款单位 国安集团　　　　收款方式 现金

收款事由 包装物押金　　　　款

人民币(大写) 捌佰元整　　　　¥ 800.00

现金收讫

收款单位　　　　会计主管 李伟　　　　收款人 王陵

财会记账

【业务 6-13】

凭证 6-13

票据贴现凭证(收账通知) 4

填写日期：2013 年 12 月 28 日　　　　No 2416

<table>
<tr><td rowspan="3">申请人</td><td>全　　称</td><td>盟江轴承有限公司</td><td rowspan="3">贴现汇票</td><td>种类及号码</td><td colspan="10">银行承兑汇票 2486</td></tr>
<tr><td>账　　号</td><td>2860300600037678</td><td>出　票　日</td><td colspan="10">2013 年 12 月 11 日</td></tr>
<tr><td>开户银行</td><td>工行新阳支行</td><td>到　期　日</td><td colspan="10">2013 年 2 月 11 日</td></tr>
<tr><td colspan="2" rowspan="2">汇票金额</td><td colspan="3" rowspan="2">人民币（大写）壹拾壹万柒仟元整</td><td>千</td><td>百</td><td>十</td><td>万</td><td>千</td><td>百</td><td>十</td><td>元</td><td>角</td><td>分</td></tr>
<tr><td></td><td>¥</td><td>1</td><td>1</td><td>7</td><td>0</td><td>0</td><td>0</td><td>0</td><td>0</td></tr>
<tr><td colspan="2">年贴现率</td><td rowspan="2">贴现利息　877.00</td><td colspan="2" rowspan="2">实付金额</td><td>千</td><td>百</td><td>十</td><td>万</td><td>千</td><td>百</td><td>十</td><td>元</td><td>角</td><td>分</td></tr>
<tr><td colspan="2">6%</td><td></td><td></td><td>1</td><td>1</td><td>6</td><td>1</td><td>2</td><td>3</td><td>0</td><td>0</td></tr>
<tr><td colspan="3">上述款项已入你单位账户。
中国工商银行
新阳支行
办讫
银行盖章
2013 年 12 月 28 日</td><td colspan="12">备注：</td></tr>
</table>

此联银行给贴现申请人的收账通知

【业务 6-14】

凭证 6-14

坏账准备提取计算表

2013 年 12 月 31 日

应收账款科目余额	坏账准备估计比率/%	应提坏账准备数/元	账面已提数/元	应提取(或冲减)数/元
	1			
合　　计				

项目七
资金核算岗位

一、资金核算岗位职责

1. 拟定资金管理和核算办法。
2. 编制资金的收支计划。
3. 负责资金的调度。
4. 负责权益资金和债务资金筹集的明细分类核算。
5. 负责企业各项投资的明细分类核算。
6. 负责分析资金筹集成本和投资收益等。

二、实训程序及要求

1. 根据实训资料(一)开设明细账。
2. 根据实训资料(二)编制记账凭证。
3. 根据记账凭证登记相关明细账。

三、实训资料

(一) 2013 年 12 月 1 日有关账户余额见表 7-1。

表 7-1　账户余额　　　　单位：元

总 账 账 户	明 细 账 户	借方余额	贷方余额
其他货币资金	存出投资款	500 000.00	
交易性金融资产	东风(成本)	100 000.00(5 000 股)	
	东风(公允价值变动)	10 000.00	
短期借款	生产周期借款		300 000.00
长期借款	厂房扩建		500 000.00

(二) 2013 年 12 月发生与资金岗位相关的经济业务如凭证 7-1～凭证 7-9 所示。

【业务 7-1】

凭证 7-1

1/12/2013　　**成交过户交割凭单**　　买

股东编号：	A6093098	成交证券：	凌钢
电脑编号：	890769	成交数量/股：	6 000
公司代号：	198	成交价格/元：	10.00
申请编号：	575	成交金额/元：	60 000.00
申报时间：	10：28：22	标准佣金/元：	180.00
成交时间：	10：45：15	过户费用/元：	
上次余额：	0(股)	印花税/元：	120.00
本次成交：	6 000(股)	应付金额/元：	60 300.00
本次余额：	6 000(股)	最终余额/元：	
附加费用：		实付金额/元：	60 300.00

客户联

（印章：君安证券南海营业部）

经办单位：　　客户签章：盟江轴承有限公司

【业务 7-2】

凭证 7-2-1/3

投资协议书(摘录)

投出单位：国安集团

投入单位：盟江轴承有限公司

……

国安集团向盟江轴承有限公司投资货币资金 1 000 000 元，国安集团投资后盟江轴承有限公司占新注册资本的 10%。

国安集团必须在 2009 年 12 月 20 日前向盟江轴承有限公司出资。

……

凭证 7-2-2/3

中国工商银行进账单(回单或收账通知)　1

进账日期：2013 年 12 月 12 日　　第Ⅳ Ⅴ234567 号

收款人	全　称	盟江轴承有限公司	付款人	全　称	国安集团
	账　号	2860300600037678		账　号	3450300650078456
	开户银行	工行新阳支行		开户银行	工行建新支行

人民币(大写) 壹佰万元整	千	百	十	万	千	百	十	元	角	分
	¥	1	0	0	0	0	0	0	0	0

票据种类	支票
票据张数	

主管　会计　复核　记账　　收款人开户银行盖章

（印章：中国工商银行新阳支行转讫）

此联是收款人开户行交给收款人的回单或收账通知

凭证 7-2-3/3

收款收据

2013 年 12 月 12 日

付款单位 国安集团　　收款方式 支票

收款事由 国安集团投资 款

人民币(大写) 壹佰万元整　　¥ 1 000 000.00

收款单位　　会计主管 李伟　　收款人 王陵

盟江轴承有限公司 财务专用章

财会记账

【业务 7-3】

凭证 7-3

中国工商银行贷款还款凭证

2013 年 12 月 12 日

借款单位名称	盟江轴承有限公司	贷款账号	98650032	结算账号	2860300600037678
还款金额（大写）	伍万元整				千 百 十 万 千 百 十 元 角 分 ¥ 5 0 0 0 0 0 0
贷款种类	生产周转借款	借出日期		约定还款日期	
		2012 年 12 月 12 日		2013 年 12 月 12 日	
上列款项从本单位往来户如数支付。 单位签章			银行盖章	中国工商银行新阳支行转讫	

第一联

【业务 7-4】

凭证 7-4

君安证券南海营业部

13/12/2013　　股票成交过户交割单　　卖

股东账号：	A6093098	成交数量/股：	5 000
股东姓名：	盟江轴承有限公司	成交价格/元：	30.00
股票代码：	198	成交金额/元：	150 000.00
股票名称：	东风股份	标准佣金/元：	280.00
申报时间：	10:28:22	过户费用/元：	20.00
成交时间：	10:45:15	印花税/元：	620.00
上次余额：	5 000(股)	实收金额/元：	149 080.00
本次成交：	5 000(股)		
本次余额：	0(股)		

客户联

经办单位：　　客户签章：盟江轴承有限公司

【业务 7-5】

凭证 7-5

关于资本公积转增
资本的决议

……

经研究决定，用资本公积 200 000 元转增资本。

……

总经理：张广文

公章：盟江轴承有限公司

2013 年 12 月 18 日

【业务 7-6】

凭证 7-6

中国工商银行借款凭证(收账通知)

2013 年 12 月 19 日

<table>
<tr><td>借款单位名称</td><td colspan="2">盟江轴承有限公司</td><td>贷款账号</td><td>4589</td><td>结算账号</td><td colspan="10">2860300600037678</td></tr>
<tr><td rowspan="2">借款金额(大写)</td><td colspan="5" rowspan="2">贰拾万元整</td><td>千</td><td>百</td><td>十</td><td>万</td><td>千</td><td>百</td><td>十</td><td>元</td><td>角</td><td>分</td></tr>
<tr><td></td><td>¥</td><td>2</td><td>0</td><td>0</td><td>0</td><td>0</td><td>0</td><td>0</td><td>0</td></tr>
<tr><td rowspan="2">借款用途</td><td rowspan="2">流动资金周转</td><td colspan="2">借出日期</td><td colspan="2">约定还款日期</td><td colspan="10">利 率</td></tr>
<tr><td colspan="2">2013 年 12 月 19 日</td><td colspan="2">2014 年 6 月 19 日</td><td colspan="10">5.58%</td></tr>
<tr><td colspan="5">上列款项已收入你单位往来户内。
中国工商银行
新阳支行
转讫
银行盖章</td><td colspan="11">单位会计分录:</td></tr>
</table>

此联是收款人开户银行交给收款人的收账通知

【业务 7-7】

凭证 7-7

中国工商银行贷款利息通知单

2013 年 12 月 21 日

<table>
<tr><td>账 号</td><td>户 名</td><td>计 息 期</td><td>基 数</td><td>利率(年)/%</td><td>利 息 金 额</td></tr>
<tr><td>286030060
0037678</td><td>盟江轴承有限公司</td><td>2013 年 9 月 20 日至
2013 年 12 月 20 日</td><td>¥400 000.00</td><td>5.58</td><td>¥5 800.00</td></tr>
<tr><td colspan="6">大写金额人民币伍仟捌佰元整</td></tr>
<tr><td colspan="3">上列款项已从你单位往来户如数支付。
中国工商银行
新阳支行
转讫
银行盖章</td><td colspan="3">备注:</td></tr>
</table>

此联由银行送单位作支款通知

【业务 7-8】

凭证 7-8

长期借款利息计算表

2013 年 12 月 31 日

借款名称	借款金额/元	计息期间	借款利率/%	借款利息/元
厂房扩建借款	500 000.00	12 月 1～31 日	6	30 000.00
合　计				30 000.00

注：12 月 1～31 日厂房在建。

【业务 7-9】

凭证 7-9

公允价值变动损益计算表

2013 年 12 月 31 日

交易性金融资产项目	持有数量	成本/元	"公允价值变动"余额	期末市价/元	资产公允价值/元	本期公允价值变动/元	公允价值变动净损益/元
凌钢股份	6 000 股	60 000.00	0	13.00	78 000.00	18 000.00	18 000.00

项目八

收入、费用及利润核算岗位

一、收入、费用及利润核算岗位职责

1. 参与企业收入、费用计划的制订，并监督执行。

2. 销售收入的确认与计量，销售收入的账务处理及销售明细账的设置，销售发票和结算凭证的填写。

3. 负责销售核算，核实销售往来。

4. 根据销货发票等有关凭证，正确计算销售收入以及劳务等其他各项收入，按照国家有关规定计算税金。

5. 分析比较销售成本，做好成本日常控制；进行内部成本核算及业绩考核。

6. 结转收入、成本与费用，严格审查营业外支出，正确核算利润。对公司所得税有影响的项目，应注意调整应纳税所得额。

7. 根据本月发生的经济业务编制记账凭证；根据记账凭证设置收入、营业成本、营业税金及附加账簿，负责进行营业收入、营业成本、营业税金及附加的会计核算；逐笔登记“主营业务收入”、“主营业务成本”等明细账；根据记账凭证编制科目汇总表登记相关总账。

8. 汇总收入类数据，编制收入报表；汇总费用类数据，编制成本费用报表。

9. 编制损益类账户结转本年利润和净损益结转利润分配的记账凭证。

10. 编制利润分配的记账凭证。

二、实训程序及要求

根据实训资料(二)填制原始凭证、编制记账凭证，销售成本月末集中结转。

三、实训资料

(一) 2013 年 1~11 月本年利润账户发生额见表 8-1。

表 8-1　本年利润发生额　　单位：元

账　　户	借方发生额	贷方发生额
本年利润		1 390 000

（二）2013 年 12 月发生与收入费用及利润核算岗位相关的经济业务如凭证 8-1～凭证 8-23 所示。

【业务 8-1】

凭证 8-1-1/2

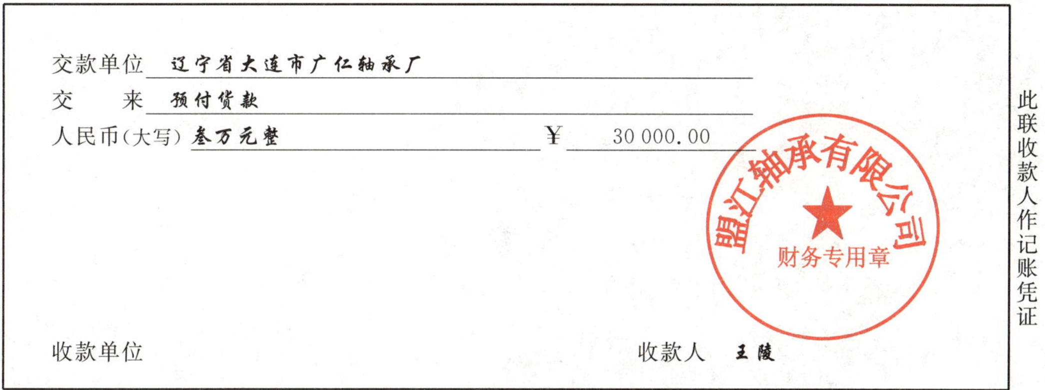

收 款 凭 证

2013 年 12 月 3 日

交款单位 辽宁省大连市广仁轴承厂

交　　来 预付货款

人民币（大写）叁万元整　　¥ 30 000.00

收款单位　　收款人 王陵

盟江轴承有限公司 财务专用章

此联收款人作记账凭证

凭证 8-1-2/2

中国工商银行信汇凭证（收账通知） 4

委托日期：2013 年 12 月 3 日　　应解汇款编号　　第 2641 号

汇款人	全　称	辽宁省大连市广仁轴承厂			收款人	全　称	盟江轴承有限公司		
	账号或住址	20249983445				账号或住址	2860300600037678		
	汇出地点	大连 市县	汇出行名称	工行大连支行		汇入地点	南海市 市县	汇入行名称	工行新阳支行
金　额	人民币（大写）叁万元整								

千	百	十	万	千	百	十	元	角	分
		¥	3	0	0	0	0	0	0

汇款用途：预付货款	留行待取 预留收款人印鉴	
款项已收入收款人账户。 汇入行盖章	款项已收妥。 收款人盖章	科目（借） 对方科目（贷） 汇入行解汇日期 2013 年 12 月 3 日 复核　　出纳　　记账

中国工商银行新阳支行 转讫

此联是收款人开户行给收款人的收账通知

【业务 8-2】

凭证 8-2-1/2

南海地方税务统一发票

流水号：450593999　　　　发票联　　　　代码：230103230103

付款单位(个人)：盟江轴承有限公司　　　　2013年12月3日　　　　0909000999

企业所属行业	广告行业	税务登记号	2121230102001
项目：广告费 缴款方式：支票 金额(大写)：贰仟元整　　金额(小写)：2 000.00			

第二联　报销凭证

收款单位：云华广告公司　收款人：王波　　开票人：　　（手写无效）

凭证 8-2-2/2

中国工商银行

转账支票存根

支票号码Ⅳ Ⅴ234562

附加信息：

出票日期：2013 年 12 月 3 日

收款人：南海市云华广告公司
金　额：¥2 000.00
用　途：广告费

单位主管　张广文　会计　李成

【业务 8-3】

凭证 8-3-1/2

代销协议(简)

甲方：盟江轴承有限公司

乙方：南海宏成五金商场

甲方为扩大产品销售渠道，委托乙方代为销售深沟球轴承(6406)100 箱，每箱不含税售价 1 000 元，乙方销售后进行货款结算。

乙方按不含税售价的 10% 收取代销手续费。

……

甲方盖章：　　　　　　　　乙方盖章：

2013 年 12 月 4 日　　　　2013 年 12 月 4 日

凭证 8-3-2/2

产品出库单

2013 年 12 月 4 日　　　　第 031 号

编号	名　称	规格	单位	数　量		单位成本/元	金额/元	备　注
				应发	实发			
	深沟球轴承	6406	箱	100	100	600.00	60 000.00	采用代销方式
合　计								

二　记账联

记账：　　　　发货：　　　　制单：江东

【业务 8-4】

凭证 8-4-1/5

货物运输业增值税专用发票

No 04050413

开票日期：2013 年 12 月 8 日

承运人及纳税人识别号	南海市华运物流公司 2302450050061236	密码区	略
实际受票方及纳税人识别号	济南市光华厂 5402034560090666		
收货人及纳税人识别号	济南市光华厂 5402034560090666	发货人及纳税人识别号	盟江轴承有限公司 340208830020288
起运地、经由、到达地	南海市—南海市		
费用项目及金额	运费 1 080.00	运输货物信息	

合计金额	1 080.00	税率	11%	税额	120.00	机器编号	
价税合计(大写)	壹仟贰佰元整				(小写)￥1 200.00		
车种车号		车船吨位		备注			
主管税务机关及代码	南海市国税局						

第二联　发票联

收款人：　　　　复核人：　　　　开票人：　　　　承运人：(章)略

凭证 8-4-2/5

南海市增值税专用发票

南海市

No 0038282

2300033220　　　此联不作报销扣款凭证使用　　　开票日期：2013 年 12 月 8 日

购货单位	名　称：山东省济南市光华厂 纳税人识别号：559187963363298 地　址：济南市明珠大街 65 号 电　话：86753031 开户行及账号：工行民生支行 3450300650076345	密码区	3427<+54879＊7600 −58＊>>4367039+9　　加密版本 280<<＊6409502512 527904>>＊864567＊

货物或应税劳务名称	规格型号	单位	数量	单价/元	金额/元	税率/%	税额/元
深沟球轴承	6406	箱	45	900.00	40 500.00	17	6 885.00
深沟球轴承	6408		100	1 000.00	100 000.00	17	17 000.00
合　计					¥140 500.00		¥23 885.00
价税合计（大写）	⊗佰壹拾陆万肆仟叁佰捌拾伍元整				（小写）¥164 385.00		

销货单位	名　称：盟江轴承有限公司 纳税人识别号：340208830020288 地　址：南海市长安路 7 号 电　话：88866158 开户行及账号：工行新阳支行 2860300600037678	备注	盟江轴承有限公司 发票专用章

收款人：　　　复核：　　　开票人：颜子　　　销货单位：（章）

第三联　存根联　销货方记账凭证

凭证 8-4-3/5

托收凭证（受理回单）　1

委托日期：2013 年 12 月 8 日

业务类型	委托收款（□邮划、□电划）				托收承付（□邮划、□电划）			
付款人	全　称	山东省济南市光华厂			收款人	全　称	盟江轴承有限公司	
	账　号	23498760000812				账　号	2860300600037678	
	地　址	省济南市	开户行	工行民生支行		地　址	省南海市	开户行　工行新阳支行

金额	人民币（大写） 壹拾陆万伍仟伍佰捌拾伍元整	亿	千	百	十	万	千	百	十	元	角	分
				¥	1	6	5	5	8	5	0	0

款项内容	销货款	托收凭据名称	增值税发票等	附寄单证张数	3张
商品发运情况	已发运			合同名称号码	0038111
备注： 复核　　记账	款项收妥日期： 年　月　日			收款人开户银行签章 2013 年 12 月 8 日	

中国工商银行新阳支行 转讫

此联作收款人开户银行给收款单位的受理回单

凭证 8-4-4/5

中国工商银行 转账支票存根
支票号码Ⅳ Ⅴ234561
附加信息：______________
出票日期：2013 年 12 月 8 日
收款人：南海华运物流公司
金　额：￥1 200.00
用　途：垫付运费
单位主管　张广文　会计　李成

凭证 8-4-5/5

产品出库单

第 030 号

编号	名　称	规格	单位	数　量		单位成本	金　额	备　注
				应发	实发			
	深沟球轴承	6406	箱	45	45			销售
	深沟球轴承	6408	箱	100	100			销售
	合　计							

二 记账联

记账：　　　　发货：　　　　制单：江东

【业务 8-5】

凭证 8-5

南海市增值税专用发票

南海市

No 0038282

2300033220　　此联不作报销扣款凭证使用　　开票日期：2013 年 12 月 8 日

购货单位	名　称：江南机械有限公司 纳税人识别号：3402087630050873 地　址：南海市幸福路 156 号 电　话：53644257 开户行及账号：工行建新支行 3450300650076345	密码区	3427＜＋54879＊7600 －58＊＞＞4367039＋9 280＜＜＊6409502512 527904＞＞＊864567＊	加密版本：01 45633890234 00054468

货物或应税劳务名称	规格型号	单位	数量	单价/元	金额/元	税率/%	税额/元
高碳轴承钢		吨	3.2	3 200.00	10 240.00	17	1 740.80
合　计					￥10 240.00		￥1 740.80
价税合计(大写)	⊗佰⊗拾壹万壹仟玖佰捌拾元捌角整				(小写)￥11 980.80		

销货单位	名　称：盟江轴承有限公司 纳税人识别号：340208830020288 地　址：南海市长安路 7 号 电　话：88866158 开户行及账号：工行新阳支行 2860300600037678	备注	盟江轴承有限公司 发票专用章

第三联 存根联 销货方记账凭证

收款人：　　复核：　　开票人：颜子　　销货单位：(章)

【业务 8-6】

凭证 8-6-1/3

南海市增值税专用发票

南海市

No 0038283

2300033220　　此联不作报销扣款凭证使用　　开票日期：2013 年 12 月 9 日

购货单位	名　称：长城机械厂 纳税人识别号：5602023110089076 地　址：南海市淮河路 77 号 电　话：83099809 开户行及账号：工行淮河支行 8890900650032670			密码区	3427＜＋54879＊7600 －58＊＞＞4367039＋9 280＜＜＊6409502512 527904＞＞＊864567＊	加密版本：01 45633890234 00054468	
货物或应税劳务名称	规格型号	单位	数量	单价/元	金额/元	税率/%	税额/元
包装纸箱		个	250	5.60	1 400.00	17	238.00
合　计					￥1 400.00		￥238.00
价税合计(大写)	⊗佰⊗拾⊗万壹仟陆佰叁拾捌元整				(小写)￥1 638.00		
销货单位	名　称：盟江轴承有限公司 纳税人识别号：340208830020288 地　址：南海市长安路 7 号 电　话：88866158 开户行及账号：工行新阳支行 2860300600037678			备注	盟江轴承有限公司 发票专用章		

收款人：　　复核：　　开票人：颜子　　销货单位：(章)

第三联 存根联 销货方记账凭证

凭证 8-6-2/3

中国工商银行进账单(回单或收账通知)　1

进账日期：2013 年 12 月 10 日

收款人	全　称	盟江轴承有限公司	付款人	全　称	长城机械厂
	账　号	2860300600037678		账　号	8890900650032670
	开户银行	工行新阳支行		开户银行	工行淮河支行
人民币(大写) 壹仟陆佰叁拾捌元整				千 百 十 万 千 百 十 元 角 分	￥ 1 6 3 8 0 0
票据种类	支票		收款人开户银行盖章	中国工商银行 新阳支行 转讫	
票据张数					
主管　会计　复核　记账					

此联是收款人开户行交给收款人的回单或收账通知

凭证 8-6-3/3

出库单

2013年12月9日　　　　字第3号

编号	02	名称	包装纸箱	规格		数量	250										
计量单位	个	单价	2.80	金额			亿	千	百	十	万	千	百	十	元	角	分
												¥	7	0	0	0	0
用途及摘要	销售																
仓库意见		领料人	销售科														

【业务 8-7】

凭证 8-7-1/4

固定资产出售交接单

2013年12月10日

销售单位	盟江轴承有限公司			购入单位	南海市车床厂		
名称及型号	单位	数量	原始价值/元	已提折旧/元	净值/元	预计年限	方式
机床	台	1	30 000	7 000	23 000	20	出售
出售价格：26 000元				备注：			

单位：（公章）　　　　主管：　　　　会计：

凭证 8-7-2/4

南海市增值税专用发票

No 0038283

2300033220　　　　开票日期：2013年12月8日

购货单位	名　称：南海市车床厂 纳税人识别号：559187963363298 地　址：南海市明珠大街65号 电　话：86753031 开户行及账号：工行明珠支行 3450300650076345			密码区	3427<+54879*7600 -58*>>4367039+9　加密版本 280<<*6409502512 527904>>*864567*		
货物或应税劳务名称	规格型号	单位	数量	单价/元	金额/元	税率/%	税额/元
机床		台	1	26 000.00	26 000.00	17	4 420.00
合　计			1		¥26 000.00		¥4 420.00
价税合计（大写）	⊗叁万零肆佰贰拾元整				（小写）¥30 420.00		
销货单位	名　称：盟江轴承有限公司 纳税人识别号：340208830020288 地　址：南海市长安路7号 电　话：88866158 开户行及账号：工行新阳支行 2860300600037678			备注			

第三联　存根联　销货方记账凭证

收款人：　　复核：　　开票人：颜子　　销货单位：（章）

凭证 8-7-3/4

中国工商银行进账单（回单或收账通知） 1

进账日期：2013 年 12 月 10 日

收款人	全　称	盟江轴承有限公司	付款人	全　称	南海市车床厂
	账　号	2860300600037678		账　号	50300650076345
	开户银行	工行新阳支行		开户银行	工行团结支行
人民币（大写）叁万零肆佰贰拾元整				千百十万千百十元角分	¥3042000
票据种类	支票				
票据张数					
主管　会计　复核　记账			收款人开户银行盖章		

中国工商银行
新阳支行
转讫

此联是收款人开户行交给收款人的回单或收账通知

凭证 8-7-4/4

固定资产清理净损益计算单

2013 年 12 月 10 日　　　　单位：元

原值	已提折旧	减值准备	净值	清理费用	清理收入	净收益（损失"－"）
30 000	7 000		23 000		26 000	3 000

【业务 8-8】

凭证 8-8-1/2

收 款 凭 证

2013 年 12 月 11 日

交款单位　盟江轴承有限公司

交　　来　违约金罚款

人民币（大写）贰仟元整　　¥2 000.00

收款单位　　　　收款人　王青

南海长城有限公司
财务专用章

此联交付款人作记账凭证

凭证 8-8-2/2

中国工商银行
转账支票存根
支票号码Ⅳ Ⅴ234572
附加信息：________________

出票日期：2013 年 12 月 11 日

收款人：南海长城有限公司
金　额：￥2 000.00
用　途：支付罚款

单位主管　张广文　会计　李成

【业务 8-9】

凭证 8-9-1/3

南海地方税务统一发票

流水号：000593666　　发票联　　发票代码：323209323209

付款单位(个人)：南海市 749 研究所　　2013 年 12 月 12 日　　发票号码：0607000666

企业所属行业	机械行业	税务登记号	340208830020288
项目：专利权 缴款方式：支票 金额(大写)：拾贰万元整　　金额(小写)：120 000.00			

收款单位：盟江轴承有限公司　　收款人：王陵　　开票人：　　(手写无效)

(注：专利权原始价值 90 000 元，已摊销 10 000 元)

凭证 8-9-2/3

营业税计算表

2013 年 12 月 12 日

计税项目	计税金额/元	税率/%	营业税/元
转让专利权收入	120 000	5	6 000

负责人：　　制表人：

凭证 8-9-3/3

中国工商银行进账单(回单或收账通知) 1

进账日期：2013 年 12 月 10 日

收款人	全称	盟江轴承有限公司	付款人	全称	南海市 749 研究所
	账号	2860300600037678		账号	5002280862234
	开户银行	工行新阳支行		开户银行	建行长春路支行
人民币(大写) 壹拾贰万元整				千百十万千百十元角分	¥12000000
票据种类	支票		中国工商银行 新阳支行 转讫		
票据张数	1				
主管　会计　复核　记账			收款人开户银行盖章		

此联是收款人开户行交给收款人的回单或收账通知

【业务 8-10】

凭证 8-10

托收凭证(收账通知) 4

委托日期：2013 年 12 月 7 日

业务类型	委托收款(□邮划、□电划)			托收承付(□邮划、□电划)			
付款人	全称	山东省济南市光华厂		收款人	全称	盟江轴承有限公司	
	账号	234987600000812			账号	2860300600037678	
	地址	省济南市 开户行	工行民生支行		地址	省南海市 开户行	工行新阳支行
金额	人民币(大写) 壹拾陆万伍仟伍佰捌拾伍元整					亿千百十万千百十元角分	¥16558500
款项内容	销货款	托收凭据名称	增值税发票等	附寄单证张数	3 张		
商品发运情况	已发运			合同名称号码			
备注： 复核　记账	款项收妥日期： 2013 年 12 月 13 日			中国工商银行 新阳支行 转讫 收款人开户银行签章 2013 年 12 月 13 日			

此联作收款人开户银行给收款单位的收账通知

【业务 8-11】

凭证 8-11-1/2

南海市行政事业单位非经营性收入发票

发票联

单位：盟江轴承有限公司　　　　2013 年 12 月 17 日填发

项　目	单位	数量	收费标准	金 十	万	千	百	十	元	角	分	备　注
灾区捐款						8	0	0	0	0	0	
合计(大写)	捌仟元整				¥	8	0	0	0	0	0	

开票人：　　　　收款人：　　　　开票单位：(公章)

（印章：南海红十字基金会 财务专用章）

凭证 8-11-2/2

中国工商银行

转账支票存根

支票号码Ⅳ Ⅴ234572

附加信息：

出票日期：2013 年 12 月 17 日

收款人：南海红十字基金会
金　额：¥8 000.00
用　途：向灾区捐款

单位主管　张广文　会计　李成

【业务 8-12】

凭证 8-12-1/2

南海市地方税务局通用机打发票

发票联

付款单位(个人)：盟江轴承有限公司　　2013 年 12 月 12 日　　发票代码：123409323321

发票号码：0506000456

行业分类	邮电通信业	税务登记号	680108830050789
电话号码　88866158 话费总额　叁佰捌拾元整		本次交款　壹仟零捌拾元整 380.00 上期余额　120.00 本次交款　1 080.00 本期余额　820.00 滞纳金　0.00	

开票员工：451c0028　(手写无效)

（印章：中国联通集团有限公司南海分公司 发票专用章）

凭证 8-12-2/2

中国工商银行 转账支票存根 支票号码Ⅳ Ⅴ234572
附加信息：________
出票日期：2013 年 12 月 18 日
收款人：南海市电信公司
金　额：¥1 080.00
用　途：支付电话费
单位主管 张广文　会计 李成

【业务 8-13】

凭证 8-13

中国工商银行贷款利息通知单

2013 年 12 月 21 日

账　　号	户　　名	计　息　期	基数/元	利率(年)/%	利息金额/元
2860300600037678	盟江轴承有限公司	2013 年 9 月 20 日至 2013 年 12 月 20 日	400 000.00	5.58	5 800.00
大写金额：伍仟捌佰元整					
上列款项已从你单位往来户如数支付。 中国工商银行 新阳支行 转讫 银行盖章			备注：		

此联由银行送单位作支款通知

【业务 8-14】

凭证 8-14

中国工商银行收费凭证　①

2013 年 12 月 22 日

户　　名	盟江轴承有限公司				账号		3500070109006944051						
凭证(结算)种　类	工本费		邮电费		手续费		类别	金　　额					
	数量	单价	数量	单价	数量	单价		万	千	百	十	元	角	分
转账支票	1	5.00			1	25.00	工本费					5	0	0
							邮电费							
							手续费				2	5	0	0
合计金额	人民币(大写)叁拾元整						合 计			¥	3	0	0	0
备注：														

中国工商银行 新阳支行 转讫

第一联 回单

复核：　　　　记账：

【业务 8-15】

凭证 8-15-1/2

南海市增值税专用发票

全国统一发票监制章 南海市 国家税务总局监制

No 0038282

2300033220　　此联不作报销扣款凭证使用　　开票日期：2013 年 12 月 23 日

购货单位	名　称：辽宁省大连市广仁轴承厂 纳税人识别号：559187963363298 地　址：大连市星河大街 65 号 电　话：86753031 开户行及账号：工行星河支行 3450300650076345			密码区	3427<+54879*7600 -58*>>4367039+9 280<<*6409502512 527904>>*864567*		加密版本：
货物或应税劳务名称	规格型号	单位	数量	单价/元	金额/元	税率/%	税额/元
深沟球轴承	6408	箱	40	1 000.00	40 000.00	17	6 800.00
合　计					¥40 000.00		¥6 800.00
价税合计(大写)	⊗佰⊗拾肆万陆仟捌佰元整				(小写)¥46 800.00		
销货单位	名　称：盟江轴承有限公司 纳税人识别号：340208830020288 地　址：南海市长安路 7 号 电　话：88866158 开户行及账号：工行新阳支行 2860300600037678			备注	盟江轴承有限公司 发票专用章		

第三联　存根联　销货方记账凭证

收款人：　　复核：　　开票人：颜子　　销货单位：(章)

凭证 8-15-2/2

产 品 出 库 单

第 032 号

编号	名　称	规格	单位	数量 应发	数量 实发	单位成本	金　额	备　注
	深沟球轴承	6408	箱	40	40			销售
合　计								

二　记账联

记账：　　发货：　　制单：江东

【业务 8-16】

凭证 8-16-1/2

现金股利通知单

2013 年 12 月 26 日

盟江轴承有限公司：

贵公司认购我公司发行的记名普通股股票 3 000 股，经董事会研究决定，每股发放股利 0.5 元，请带持股证明办理。

人民币(大写)壹仟伍佰元整　　¥1 500.00

特此通知

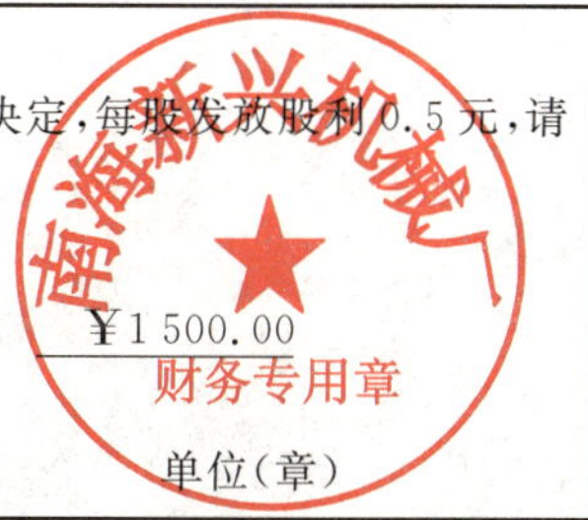

单位(章)

凭证 8-16-2/2

中国工商银行进账单(回单或收账通知) 1

进账日期：2013 年 12 月 26 日

汇款人	全　称	盟江轴承有限公司	收款人	全　称	南海新兴机械厂
	账　号	2860300600037678		账　号	5002280862234
	开户银行	工行新阳支行		开户银行	工行民生支行
人民币(大写) 壹仟伍佰元整				千百十万千百十元角分	¥150000
票据种类	支票		收款人开户银行盖章		
票据张数	1				
主管　会计　复核　记账					

中国工商银行
新阳支行
转讫

此联是收款人开户行交给收款人的回单或收账通知

【业务 8-17】

凭证 8-17-1/2

南海市地方局税务通用机打发票

发票联

流水号：000450999　　代码：454509323205

付款单位(个人)：盟江轴承有限公司　　2013 年 12 月 12 日　　0607000444

企业所属行业	金融保险业	税务登记号	230206605060677

承保险种：交强险

保单号：AHAE2A5CTP12X002289T

保险费金额(大写)：人民币壹仟陆佰元整　　(小写)：RMB1600.00

开户银行名称：中国工商银行田地支行　　开户银行账号：3500020119000090654

保险公司名称：中国太平洋财产保险南海中心支公司　　经手人：曹宇

保险公司签章：　　地址：南海市田地街 128 号

电话：95500

中国太平洋财产保险南海中心支公司
发票专用章

凭证 8-17-2/2

中国工商银行 转账支票存根 支票号码Ⅳ Ⅴ234572
附加信息：______________
出票日期：2013 年 12 月 26 日
收款人：中国太平洋财产保险南海中心支分司
金　额：¥1 600.00
用　途：支付汽车保险费
单位主管　张广文　会计　李成

【业务 8-18】

凭证 8-18-1/4

南海市增值税专用发票

南海市

No 0038282

2300033220　　此联不作报销扣款凭证使用　　开票日期：2013 年 12 月 27 日

购货单位	名　称：南海宏成五金商场 纳税人识别号：4325196377767 地　址：南海市长江路 65 号 电　话：86286062 开户行及账号：工行黄河支行 3450300650076345	密码区	3427＜＋54879＊7600 －58＊＞＞4367039＋9 280＜＜＊6409502512 527904＞＞＊864567＊

货物或应税劳务名称	规格型号	单位	数量	单价/元	金额/元	税率/%	税额/元
深沟球轴承	6406	箱	100	1 000.00	100 000.00	17	17 000.00
合　计					¥100 000.00		¥17 000.00
价税合计(大写)	⊗佰壹拾壹万柒仟元整				(小写)¥117 000.00		

销货单位	名　称：盟江轴承有限公司 纳税人识别号：340208830020288 地　址：南海市长安路 7 号 电　话：88866158 开户行及账号：工行新阳支行 2860300600037678	备注	盟江轴承有限公司 发票专用章

收款人：　　复核：　　开票人：颜子　　销货单位：(章)

第三联　存根联　销货方记账凭证

凭证 8-18-2/4

南海宏成五金商场代销清单

2013 年 12 月 27 日

委托单位	代销商品	计量单位	数量	已销售数量
盟江轴承有限公司	深沟球轴承 6406	箱	100	100
货款总额/元	100 000.00	增值税/元	17 000.00	
手续费/元	10 000.00	应结算金额/元	107 000.00	

凭证 8-18-3/4

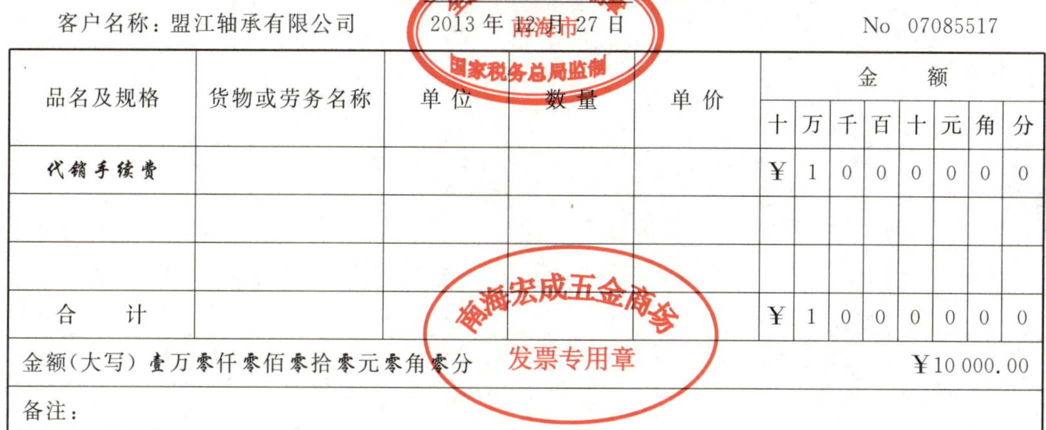

南海市普通发票

客户名称：盟江轴承有限公司　　2013 年 12 月 27 日　　No 07085517

品名及规格	货物或劳务名称	单位	数量	单价	金额 十	万	千	百	十	元	角	分
代销手续费					¥	1	0	0	0	0	0	0
合计					¥	1	0	0	0	0	0	0
金额（大写）壹万零仟零佰零拾零元零角零分					¥10 000.00							
备注：												

开票单位盖章：　　复核：　　收款人：　　开票人：

凭证 8-18-4/4

中国工商银行进账单（回单或收账通知） 1

进账日期：2013 年 12 月 27 日

收款人	全称	盟江轴承有限公司	付款人	全称	南海宏成五金商场
	账号	2860300600037678		账号	3450300650076345
	开户银行	工行新阳支行		开户银行	工行黄河支行
人民币（大写）壹拾万柒仟元整			千 百 十 万 千 百 十 元 角 分		¥ 1 0 7 0 0 0 0 0
票据种类	支票		中国工商银行新阳支行转讫		
票据张数	1				
主管　会计　复核　记账			收款人开户银行盖章		

此联是收款人开户行交给收款人的回单或收账通知

【业务 8-19】

凭证 8-19-1/5

退货申请书

盟江轴承有限公司：

本公司于 2013 年 11 月 30 日购进贵公司深沟球轴承(6406)10 箱,其中 1 箱因存在严重质量问题,请同意办理退货。

附：企业进货退出及索取折让证明书

华光公司

2013 年 12 月 28 日

凭证 8-19-2/5

国家税务总局南海市分局

企业进货退出及索取折让证明单

2013 年 12 月 26 日

<table>
<tr><td rowspan="2">销货单位</td><td>全　称</td><td colspan="4">盟江轴承有限公司</td></tr>
<tr><td>税务登记号</td><td colspan="4">340208830020288</td></tr>
<tr><td rowspan="4">进货退出</td><td>货物名称</td><td>单价/元</td><td>数量</td><td>货款/元</td><td>税额/元</td></tr>
<tr><td>深沟球轴承 6406</td><td>900.00</td><td>1</td><td>900.00</td><td>153.00</td></tr>
<tr><td></td><td></td><td></td><td></td><td></td></tr>
<tr><td></td><td></td><td></td><td></td><td></td></tr>
<tr><td rowspan="5">索取折让</td><td rowspan="2">货物名称</td><td rowspan="2">货款</td><td rowspan="2">税额</td><td colspan="2">要　求</td></tr>
<tr><td>折让金额</td><td>折让税额</td></tr>
<tr><td></td><td></td><td></td><td></td><td></td></tr>
<tr><td></td><td></td><td></td><td></td><td></td></tr>
<tr><td></td><td></td><td></td><td></td><td></td></tr>
<tr><td>退货或索取折让理由</td><td></td><td></td><td></td><td></td><td></td></tr>
<tr><td rowspan="2">购货单位</td><td>全　称</td><td colspan="4">华光公司</td></tr>
<tr><td>税务登记号</td><td colspan="4">3402087630050873</td></tr>
</table>

本证明单一式三联：第一联,征收机关留存；第二联,交销货单位；第三联,购货单位留存。

备注：经审查,该箱轴承确实存在质量问题,同意办理退货。

凭证 8-19-3/5

南海市增值税专用发票

南海市

No 0038112

此联不作报销扣款凭证使用　开票日期：2013 年 12 月 28 日

购货单位	名　称：华光公司 纳税人识别号：3402087630050873 地　址：南海市和平路 159 号 电　话：88044258 开户行及账号：工行新恒支行 3450300650076345	密码区	3427＜＋54879＊7600 －58＊＞＞4367039＋9 280＜＜＊6409502512 527904＞＞＊864567＊	加密版本：01 45633890234 00054468

货物或应税劳务名称	规格型号	单位	数量	单价/元	金额/元	税率/%	税额/元
深沟球轴承 6406		箱	－1	900.00	－900.00	17	－153.00
合　计					￥－900.00		￥－153.00
价税合计(大写)	⊗佰⊗拾⊗万壹仟零伍拾叁元整(负数)				(小写)￥－1 053.00		

销货单位	名　称：盟江轴承有限公司 纳税人识别号：340208830020288 地　址：南海市长安路 7 号 电　话：88866158 开户行及账号：工行新阳支行 2860300600037678	备注	盟江轴承有限公司 发票专用章

第三联　存根联　销货方记账凭证

收款人：　　复核：　　开票人：颜子　　销货单位：(章)

凭证 8-19-4/5

中国工商银行

转账支票存根

支票号码Ⅳ Ⅴ24375

附加信息：

出票日期：2013 年 12 月 28 日

收款人：华光公司
金　额：￥1 053.00
用　途：支付退货款

单位主管　张广文　会计　李成

凭证 8-19-5/5

产品入库单

发票号码：0038282　　2013 年 12 月 28 日　　收货仓库：二号库

名　　称	规格	单位	数　量		单价/元	金额/元	备　注
			应收	实收			
深沟球轴承	6406	箱	1	1	600.00	600.00	收回退货
合　计							

二　记账联

记账：　　验收：　　制单：王晓

【业务 8-20】

凭证 8-20-1/2

应交城建税计算表

2013 年 12 月 1 日至 2013 年 12 月 31 日　　金额单位：元

项　　目	计税基数		适用税率③	应交教育费附加④=(①+②)×③	备　注
	增值税①	营业税②			
城建税	30 000.00	6 000.00	7%	2 520.00	
合　计				2 520.00	

会计主管：　　复核：　　制表：李成

凭证 8-20-2/2

应交教育费附加计算表

2013 年 12 月 1 日至 2013 年 12 月 31 日　　金额单位：元

项　　目	计税基数		适用税率③	应交教育费附加④=(①+②)×③	备　注
	增值税①	营业税②			
教育费附加	30 000.00	6 000.00	3%	1 080.00	
合　计				1 080.00	

会计主管：　　复核：　　制表：李成

【业务 8-21】

凭证 8-21-1/3

销售商品成本计算单

2013 年 12 月 31 日

商品名称及规格	单　位	数　量	单位成本/元	总成本/元	备　　注
深沟球轴承 6406	箱		600.00		
深沟球轴承 6408	箱		720.00		

凭证 8-21-2/3

委托代销商品成本计算单

2013 年 12 月 31 日

商品名称及规格	单　位	数　量	单位成本/元	总成本/元	备　　注
深沟球轴承 6406	箱		600.00		

凭证 8-21-3/3

销售材料成本计算单

2013 年 12 月 31 日

商品名称及规格	单　位	数　量	计划成本/元	材料成本差异/元	实际成本/元
高碳轴承钢	吨	3.2	9 600.00	192.00	9 792.00

【业务 8-22】

凭证 8-22

企业所得税计算表

2013 年 12 月 1 日至 2013 年 12 月 31 日　　　　金额单位：元

项　　目	行次	本月数	项　　目	行次	本月数
一、营业收入			三、利润总额		
减：营业成本			加：纳税调整增加额		
营业税金及附加			1		
销售费用			2		
管理费用			3		
财务费用			减：纳税调整减少额		
资产减值损失			1		
加：公允价值变动净收益（净损失以“－”填列）			2		
投资净收益（净损失以“－”填列）			3		
二、营业利润（亏损以“－”填列）			四、应纳税所得		
加：营业外收入			适用税率		
减：营业外支出			五、本期应纳所得税额		

会计主管：　　　　复核：　　　　制表：

备注：假设会计计税基础与税法计税基础相同。

【业务 8-23】

凭证 8-23

损益类账户发生额表

2013 年 12 月 31 日

账　　户	借方发生额/元	贷方发生额/元

【业务 8-24】

12 月 31 日，结转全年实现的净利润。

【业务 8-25】

12 月 31 日，按 10％提取法定盈余公积金。

【业务 8-26】

12 月 31 日，将“利润分配”各明细账户的余额转入“利润分配——未分配利润”账户。

项目九

总账岗位

一、总账岗位职责

1. 根据审核无误的记账凭证、科目汇总表等登记总分类账。

2. 参与制订经营成果要素计划、开支预算、资本投资、成本标准等。

3. 期末根据账簿记录编制资产负债表、利润表、现金流量表和所有者权益变动表及附注等。

4. 利用会计报表等资料进行财务分析。

二、实训程序及要求

1. 根据实训资料(一)、(二)编制 2013 年 2 月份总分类账户余额表和资产负债表(见表 9-2)。

2. 根据实训资料(一)、(二)编制 2013 年 2 月份利润表(见表 9-3)。

三、实训资料

(一) 盟江轴承有限公司 2013 年 1 月 31 日资产负债表,如表 9-1 所示。

表 9-1 资产负债表

编制单位:盟江轴承有限公司　　2013 年 1 月 31 日　　会企 01 表

资　　产	行次	年初余额/万元	期末余额/万元	负债和所有者权益(或股东权益)	行次	期末余额/万元	年初余额/万元
流动资产:				流动负债:			
货币资金			500	短期借款			260
交易性金融资产			80	交易性金融负债			
应收票据			30	应付票据			160
应收账款			30	应付账款			100

续表

资　　产	行次	年初余额/万元	期末余额/万元	负债和所有者权益（或股东权益）	行次	期末余额/万元	年初余额/万元
预付账款			2	预收账款			34
应收股利				应付职工薪酬			24
应收利息				应交税费			16
其他应收款			4	应付利息			
存货			364	应付股利			
其中：消耗性生物资产		略		其他应付款		略	2
一年内到期的非流动资产				预计负债			
其他流动资产				一年内到期的非流动负债			
流动资产合计			1 010	其他流动负债			
非流动资产：				流动负债合计			596
可供出售金融资产				非流动负债：			
持有至到期投资				长期借款			460
投资性房地产				应付债券			200
长期股权投资			200	长期应付款			
长期应收款				专项应付款			
固定资产			2 400	递延所得税负债			
在建工程			170	其他非流动负债			
工程物资				非流动负债合计			660
固定资产清理				负债合计			1 256
生产性生物资产				所有者权益(或股东权益)：			
无形资产			20	实收资本			2 000
开发支出				资本公积			
商誉				盈余公积			304
长期待摊费用				未分配利润			240
递延所得税资产							
其他非流动资产				所有者权益合计			2 544
非流动资产合计			2 790				
资产总计			3 800	负债和所有者总计			3 800

（二）盟江轴承有限公司 2013 年 2 月份发生如下业务。

【业务 9-1】 2 月 1 日，购入不锈钢板一批，增值税专用发票上注明的价款为 100 万元，增值税 17 万元，材料未到，货款尚未支付。

【业务 9-2】 2 月 3 日，销售深沟球 6408，增值税专用发票上注明的价款为 160 万元，增值税 27.2 万元，货款已经收到并存入银行。产品已经发出，成本 100 万元。

【业务 9-3】 2 月 4 日，销售高碳轴承钢，增值税专用发票上注明的价款为 18 万元，增值税 3.06 万元，货款尚未收到。材料已经发出，成本 10 万元。

【业务 9-4】 2 月 4 日，分配职工工资 12 万元。其中：生产车间工人工资 8 万元，车间管理人员工资 2 万元，行政管理人员工资 2 万元。

【业务 9-5】 2 月 12 日，对红星公司的长期股权投资采用权益法核算，持股比例 20%，红星公司 2009 年度实现净利润 200 万元。

【业务 9-6】 2 月 13 日，向银行借入短期借款 40 万元，银行已转账。

【业务 9-7】 2 月 14 日，签发支票支付广告费 2 万元。

【业务 9-8】 2 月 15 日，签发支票支付出包工程款 100 万元。

【业务 9-9】 2 月 18 日，偿还长期借款 200 万元。

【业务 9-10】 2 月 19 日，出售一台不需用的设备，设备原值 110 万元，已提折旧 40 万元，出售收入 60 万元，发生清理费用 2 万元，款项均以银行存款收支，设备清理完毕。

【业务 9-11】 2 月 21 日，以现金支付办公用品费 0.08 万元。

【业务 9-12】 2 月 21 日，出包工程完工验收，达到预定使用状态，结转工程成本 270 万元。

【业务 9-13】 2 月 23 日，支付短期借款利息 1 万元。

【业务 9-14】 2 月 25 日，计算本月应交城市维护建设税 6 万元，应交教育费附加 4 万元。

【业务 9-15】 2 月 28 日，计提本月存货跌价准备 8 万元。

【业务 9-16】 2 月 28 日，计提本月固定资产折旧 50 万元，其中：生产车间固定资产折旧 40 万元，行政管理部门固定资产折旧 10 万元。

【业务 9-17】 2 月 28 日，摊销无形资产价值 0.4 万元。

【业务 9-18】 2 月 28 日，缴纳本月应交增值税 20 万元，应交城市维护建设税 6 万元，应交教育费附加 4 万元。

【业务 9-19】 2 月 28 日，结转制造费用。

【业务 9-20】 2 月 28 日，计算本月应交所得税，所得税税率 25%，假定无纳税调整项目。

【业务 9-21】 2 月 28 日，结转本年利润。

资产负债表见表 9-2；利润表见表 9-3。

表 9-2 资产负债表

编制单位： 年 月 日 会企 01 表

资产	行次	期初余额/万元	期末余额/万元	负债和所有者权益（或股东权益）	行次	期初余额/万元	期末余额/万元
流动资产：				流动负债：			
货币资金				短期借款			
交易性金融资产				交易性金融负债			
应收票据				应付票据			
应收账款				应付账款			

续表

资　　产	行次	期初余额/万元	期末余额/万元	负债和所有者权益（或股东权益）	行次	期初余额/万元	期末余额/万元
预付账款				预收账款			
应收股利				应付职工薪酬			
应收利息				应交税费			
其他应收款				应付利息			
存货				应付股利			
其中：消耗性生物资产				其他应付款			
一年内到期的非流动资产				预计负债			
其他流动资产				一年内到期的非流动负债			
流动资产合计				其他流动负债			
非流动资产：				流动负债合计			
可供出售金融资产				非流动负债：			
持有至到期投资				长期借款			
投资性房地产				应付债券			
长期股权投资				长期应付款			
长期应收款				专项应付款			
固定资产				递延所得税负债			
在建工程				其他非流动负债			
工程物资				非流动负债合计			
固定资产清理				负债合计			
生产性生物资产				所有者权益(或股东权益)：			
无形资产				实收资本			
开发支出				资本公积			
商誉				盈余公积			
长期待摊费用				未分配利润			
递延所得税资产							
其他非流动资产				所有者权益合计			
非流动资产合计							
资产总计				负债和所有者总计			

表 9-3　利润表

编制单位：　　　　　　　　　　　年　月　日　　　　　　　　　　　会企 02 表

项　　目	行次	本月金额/万元	累计金额/万元
一、营业收入			
减：营业成本			
营业税金及附加			
销售费用			
管理费用			
财务费用（收益以“－”填列）			
资产减值损失			
加：公允价值变动净收益（净损失以“－”填列）			
投资净收益（净损失以“－”填列）			
二、营业利润（亏损以“－”填列）			
加：营业外收入			
减：营业外支出			
其中：非流动资产处置净损失（净收益以“－”填列）			
三、利润总额（亏损总额以“－”填列）			
减：所得税			
四、净利润（净亏损以“－”填列）			
五、每股收益			

参考答案

项目一　出纳岗位

【业务 1-1】 借：库存现金　　5 000
　　贷：银行存款　　5 000

【业务 1-2】 借：其他应收款——邹凯　　2 000
　　贷：库存现金　　2 000

【业务 1-3】 借：管理费用　　370
　　贷：库存现金　　370

【业务 1-4】 借：其他货币资金——银行汇票存款　　117 000
　　贷：银行存款　　117 000

【业务 1-5】 借：在途物资　　90 000
　　应交税费——应交增值税——进项税额　　15 300
　　银行存款　　11 700
　　贷：其他货币资金——银行汇票存款　　117 000

【业务 1-6】 借：银行存款　　310 000
　　贷：应收账款——昌盛公司　　310 000

【业务 1-7】 借：库存现金　　340
　　管理费用　　1 660
　　贷：其他应收款——邹凯　　2 000

【业务 1-8】 借：预付账款　　5 850
　　贷：银行存款　　5 850

【业务 1-9】 借：银行存款　　93 600
　　贷：主营业务收入——6408　　80 000
　　　　应交税费——应交增值税——销项税额　　13 600

【业务 1-10】 借：银行存款　　3 000
　　贷：库存现金　　3 000

【业务 1-11】 库存现金账存金额＝3 000＋5 000－2 000－370＋340－3 000＝2 970

借：待处理财产损溢 70

贷：库存现金 70

项目二　存货核算岗位

【业务 2-1】 借：材料采购——不锈钢板 829 440

应交税费——应交增值税——进项税额 139 960

银行存款 30 600

贷：其他货币资金——银行汇票存款 1 000 000

借：原材料——不锈钢板 800 000

材料成本差异 29 440

贷：材料采购——不锈钢板 829 440

【业务 2-2】 借：材料采购——防锈液 9 800

应交税费——应交增值税——进项税额 1 666

贷：银行存款 11 466

【业务 2-3】 借：生产成本 200 000

贷：原材料——不锈钢板 200 000

【业务 2-4】 借：原材料——高碳轴承钢 300 000

贷：材料采购——高碳轴承钢 290 000

材料成本差异 10 000

【业务 2-5】 借：生产成本 90 000

贷：原材料——高碳轴承钢 90 000

【业务 2-6】 借：材料采购——高碳轴承钢 30 246

应交税费——应交增值税——进项税额 5 114

贷：银行存款 35 360

借：原材料——高碳轴承钢 30 000

材料成本差异 246

贷：材料采购——高碳轴承钢 30 246

【业务 2-7】 借：周转材料——纸箱 6 000

应交税费——应交增值税——进项税额 1 020

贷：银行存款 7 020

【业务 2-8】 借：生产成本 24 000

贷：原材料——高碳轴承钢 24 000

【业务 2-9】 借：制造费用 4 000

贷：原材料——不锈钢板 4 000

【业务 2-10】 借：生产成本 2 000

贷：原材料——防锈液 2 000

【业务 2-11】 借：生产成本 2 800

贷：周转材料——纸箱　　2 800

【业务 2-12】　借：待处理财产损溢　　200

贷：原材料——防锈液　　200

【业务 2-13】

材料成本差异率计算表

2013 年 12 月 30 日

期初结存材料成本差异 (1)	本月入库材料成本差异 (2)	期初结存材料计划成本 (3)	本月入库材料计划成本 (4)	本月材料成本差异率 (5)＝[(1)＋(2)]÷[(3)＋(4)]×100%
14 114	19 686	560 000	1 130 000	2%

发出材料成本差异计算表

材料 \ 用途		深沟球轴承 6406	深沟球轴承 6408	车间一般耗用	盘亏
高碳轴承钢	计划成本	90 000	24 000		
	成本差异	1 800	480		
不锈钢板	计划成本	200 000		4 000	
	成本差异	4 000		80	
防锈液	计划成本		2 000		200
	成本差异		40		4
成本差异合计		5 800	520	80	4

借：生产成本——6406　　5 800

——6408　　520

制造费用　　80

待处理财产损溢　　4

贷：材料成本差异　　6 404

【业务 2-14】　借：其他应收款——陈晓　　200

营业外支出　　38.68

贷：待处理财产损溢　　204

应交税费——应交增值税——进项税额转出　　34.68

【业务 2-15】　高碳轴承钢结存计划成本＝150 000＋300 000＋30 000－90 000－24 000＝366 000

高碳轴承钢结存成本差异＝366 000×2%＝7 320

高碳轴承钢结存账面成本＝366 000＋7 320＝373 320

不锈钢板结存计划成本＝400 000＋800 000－200 000－4 000＝996 000

不锈钢板结存成本差异＝996 000×2%＝19 920

不锈钢板结存账面成本＝996 000＋19 920＝1 015 920

防锈液结存计划成本＝10 000－2 000－200＝7 800

防锈液结存成本差异＝7 800×2%＝156

防锈液结存账面成本＝7 800＋7 156＝7 956

借：资产减值损失　111 240

　　贷：存货跌价准备——高碳轴承钢　48 320

　　　　　　　　　　——不锈钢板　62 920

项目三　固定资产核算岗位

【业务 3-1】 借：固定资产　50 000

　　　　应交税费——应交增值税——进项税额　8 500

　　　　贷：银行存款　58 500

【业务 3-2】 借：在建工程　600 000

　　　　贷：银行存款　600 000

【业务 3-3】 借：固定资产清理　4 000

　　　　累计折旧　116 000

　　　　贷：固定资产　120 000

　　借：固定资产清理　1 000

　　　　贷：库存现金　1 000

　　借：原材料　4 500

　　　　贷：固定资产清理　4 500

　　借：营业外支出　500

　　　　贷：固定资产清理　500

【业务 3-4】 借：管理费用　1 200

　　　　贷：银行存款　1 200

【业务 3-5】 借：固定资产　5 400

　　　　贷：待处理财产损溢　5 400

【业务 3-6】 借：固定资产　1 100 000

　　　　贷：在建工程　1 100 000

【业务 3-7】 借：待处理财产损溢　5 400

　　　　贷：营业外收入　5 400

【业务 3-8】 借：制造费用　36 600

　　　　管理费用　6 300

　　　　其他业务成本　100

　　　　贷：累计折旧　43 000

【业务 3-9】 借：资产减损失　50 000

　　　　贷：固定资产减值准备　50 000

项目四 工资薪酬核算岗位

【业务 4-1】 借：库存现金 419 530.2

贷：银行存款 419 530.2

【业务 4-2】 借：应付职工薪酬——工资 552 100

贷：库存现金 419 530.2

其他应付款——社会保险费 104 919.8

应交税费——个人所得税 27 650

【业务 4-3】 借：生产成本——6406 90 900

——6408 136 350

制造费用 20 000

管理费用 142 050

销售费用 162 800

贷：应付职工薪酬——工资 552 100

【业务 4-4】 计提五险一金。

借：生产成本——6406 36 908.52

——6408 55 362.78

制造费用 8 120.8

管理费用 54 880.7

销售费用 68 901.5

贷：应付职工薪酬——社会保险费 180 006.3

——住房公积金 44 168

【业务 4-5】 借：生产成本——6406 12 726

——6408 19 089

制造费用 2 800

管理费用 19 887

销售费用 22 792

贷：应付职工薪酬——职工福利费 77 294

【业务 4-6】 借：管理费用 19 323.5

贷：应付职工薪酬——工会会费 11 042

——职工教育经费 8 281.5

【业务 4-7】 借：其他应付款——社会保险费 44 168

应付职工薪酬——社会保险费 121 462

贷：银行存款 165 630

借：其他应付款——社会保险费 5 521

应付职工薪酬——社会保险费 11 042

贷：银行存款 16 563

借：其他应付款——社会保险费 11 062.8

应付职工薪酬——社会保险费疗　　414 228.8

贷：银行存款　　52 491.6

借：应付职工薪酬——社会保险费　　2 760.5

贷：银行存款　　2 760.5

借：应付职工薪酬——社会保险费　　3 313

贷：银行存款　　3 313

【业务 4-8】 借：应交税费——个人所得税　　27 650

贷：银行存款　　27 650

【业务 4-9】 借：应付职工薪酬——职工福利费　　500

贷：库存现金　　500

【业务 4-10】 借：应付职工薪酬——职工教育费　　1 500

贷：库存现金　　1 500

项目五　税务核算岗位

(1) 应交增值税＝1 700＋850＋85 000＋3 400＋5 100－17 000－34 000－1 700－15 650－6 585＝21 115

(2) 应交城市维护建设税＝(21 115＋11 000)×7％＝2 248.05

(3) 应交教育费附加＝(21 115＋11 000)×3％＝963.45

其他表格略。

项目六　债权债务核算岗位

【业务 6-1】 借：应付账款——四方化工厂　　10 000

贷：银行存款　　10 000

【业务 6-2】 借：应收账款——江南配件公司　　235 300

贷：主营业务收入——6408　　200 000

应交税费——应交增值税——销项税额　　34 000

银行存款　　1 300

【业务 6-3】 借：周转材料——纸箱　　6 000

应交税费——应交增值税——进项税额　　1 020

贷：应付账款——盛大包装厂　　7 020

【业务 6-4】 借：应收账款——华光公司　　187 200

贷：主营业务收入——6406　　160 000

应交税费——应交增值税——销项税额　　27 200

【业务 6-5】 借：应收票据——红光公司　　117 000

贷：主营业务收入——6408　　100 000

应交税费——应交增值税——销项税额　　17 000

【业务 6-6】 借：在途物资　　80 000

应交税费——应交增值税——进项税额　　13 600

银行存款　　6 400

贷：预付账款——华南钢铁厂　　100 000

【业务 6-7】 借：银行存款　　235 300

贷：应收账款——江南配件公司　　235 300

【业务 6-8】 借：应收账款——星河商贸　　351 800

贷：主营业务收入——6408　　300 000

应交税费——应交增值税——销项税额　　51 000

库存现金　　800

【业务 6-9】 借：银行存款　　100 000

贷：应收票据——金鑫商贸　　100 000

【业务 6-10】 借：坏账准备　　3 000

贷：应收账款——南方公司　　3 000

【业务 6-11】 借：银行存款　　345 800

财务费用　　6 000

贷：应收账款——星河商贸　　351 800

【业务 6-12】 借：库存现金　　800

贷：其他应付款　　800

【业务 6-13】 借：银行存款　　116 123

财务费用　　877

贷：应收票据——红光公司　　117 000

【业务 6-14】 应收账款余额＝30 000＋1 230 000＋512 800＋235 300＋187 200＋351 800－235 300－3 000－351 800＝1 957 000

应提坏账准备＝1 957 000×1%＝19 570

坏账准备余额＝14 000－3 000＝11 000

坏账准备计提数＝19 570－11 000＝8 570

借：资产减值损失　　8 570

贷：坏账准备　　8 570

项目七　资金核算岗位

【业务 7-1】 借：交易性金融资产——凌钢(成本)　　60 000

投资收益　　300

贷：其他货币资金——存出投资款　　60 300

【业务 7-2】 借：银行存款　　1 000 000

贷：实收资本　　1 000 000

【业务 7-3】 借：短期借款　　50 000

贷：银行存款　　50 000

【业务 7-4】 借：银行存款 149 080
贷：交易性金融资产——东风(成本) 100 000
——东风(公允价值变动) 10 000
投资收益 39 080
借：公允价值变动损益 10 000
贷：投资收益 10 000

【业务 7-5】 借：资本公积 200 000
贷：实收资本 200 000

【业务 7-6】 借：银行存款 200 000
贷：短期借款 200 000

【业务 7-7】 借：财务费用 5 800
贷：银行存款 5 800

【业务 7-8】 借：在建工程 30 000
贷：应付利息 30 000

【业务 7-9】 借：交易性金融资产——凌钢(公允价值变动) 18 000
贷：公允价值变动损益 18 000

项目八 收入、费用及利润核算岗位

【业务 8-1】 借：银行存款 30 000
贷：预收账款——广仁轴承厂 30 000

【业务 8-2】 借：销售费用 20 000
贷：银行存款 20 000

【业务 8-3】 借：委托代销商品 60 000
贷：库存商品 60 000

【业务 8-4】 借：应收账款 165 585
贷：主营业务收入——6406 40 500
——6408 100 000
应交税费——应交增值税——销项税额 23 885
银行存款 1 200

【业务 8-5】 借：应收账款 11 980.80
贷：其他业务收入 10 240
应交税费——应交增值税——销项税额 1 740.80

【业务 8-6】 借：银行存款 1 638
贷：其他业务收入 1 400
应交税费——应交增值税——销项税额 238
借：其他业务成本 700
贷：周转材料 700

【业务 8-7】 借：固定资产清理 23 000
累计折旧 7 000
贷：固定资产 30 000
借：银行存款 26 000
贷：固定资产清理 26 000
借：固定资产清理 3 000
贷：营业外收入 3 000

【业务 8-8】 借：营业外支出 2 000
贷：银行存款 2 000

【业务 8-9】 借：银行存款 120 000
累计摊销 10 000
贷：无形资产 90 000
应交税费——应交营业税 6 000
营业外收入 34 000

【业务 8-10】 借：银行存款 165 585
贷：应收账款——济南光华厂 165 585

【业务 8-11】 借：营业外支出 8 000
贷：银行存款 8 000

【业务 8-12】 借：管理费用 1 080
贷：银行存款 1 080

【业务 8-13】 借：财务费用 5 800
贷：银行存款 5 800

【业务 8-14】 借：管理费用 30
贷：银行存款 30

【业务 8-15】 借：预收账款——广仁轴承厂 46 800
贷：主营业务收入——6408 40 000
应交税费——应交增值税——销项税额 6 800

【业务 8-16】 借：银行存款 1 500
贷：投资收益 1 500

【业务 8-17】 借：管理费用 3 600
贷：银行存款 3 600

【业务 8-18】 借：银行存款 107 000
销售费用 10 000
贷：主营业务收入——6406 100 000
应交税费——应交增值税——销项税额 17 000

【业务 8-19】 借：主营业务收入——6406 900
应交税费——应交增值税——销项税额 153

贷：银行存款　　1 053

借：库存商品　　600

贷：主营业务成本　　600

【业务 8-20】 借：营业税金及附加　　3 600

贷：应交税费——应交城建税　　2 520

——应交教育费附加　　1 080

【业务 8-21】 深沟球轴承 6406 销售成本＝45×600＝27 000

深沟球轴承 6408 销售成本＝(100＋40)×720＝100 800

借：主营业务成本——6406　　27 000

——6408　　100 800

贷：库存商品——6406　　27 000

——6408　　100 800

委托代销深沟球轴承 6406 成本＝100×600＝60 000

借：主营业务成本——6406　　60 000

贷：库存商品——6406　　60 000

借：其他业务成本　　9 792

贷：原材料——高碳轴承钢　　9 792

【业务 8-22】

企业所得税计算表

2013 年 12 月 1 日至 2013 年 12 月 31 日　　金额单位：元

项　目	行次	本月数	项　目	行次	本月数
一、营业收入		291 240	三、利润总额		77 938
减：营业成本		197 692	加：纳税调整增加额		
营业税金及附加		3 600	1. 罚款支出		2 000
销售费用		30 000	2.		
管理费用		4 710	3.		
财务费用		5 800	减：纳税调整减少额		
资产减值损失			1. 税后投资收益		1 500
加：公允价值变动净收益(净损失以“－”填列)			2.		
投资净收益(净损失以“－”填列)		1 500	3.		
二、营业利润(亏损以“－”填列)		50 938	五、应纳税所得		78 438
加：营业外收入		37 000	适用税率		25%
减：营业外支出		10 000	六、本期应纳所得税额		19 609.5

会计主管：　　复核：　　制表：

备注：假设会计计税基础与税法计税基础相同。

借：所得税费用　　19 609.5

贷：应交税费——应交企业所得税　　19 609.5

【业务 8-23】

损益类账户发生额表

2013 年 12 月 31 日

账　　户	借方发生额	贷方发生额
主营业务收入——6406		139 600
主营业务收入——6408		140 000
其他业务收入		11 640
投资收益		1 500
营业外收入		37 000
主营业务成本——6406	86 400	
主营业务成本——6408	100 800	
其他业务成本	10 492	
营业税金及附加	3 600	
销售费用	30 000	
管理费用	4 710	
财务费用	5 800	
营业外支出	10 000	
所得税费用	19 609.5	
合　　计	271 411.5	329 740

借：主营业务收入——6406　　139 600
　　主营业务收入——6408　　140 000
　　其他业务收入　　11 640
　　投资收益　　1 500
　　营业外收入　　37 000
　　贷：本年利润　　329 740
借：本年利润　　271 411.5
　　贷：主营业务成本——6406　　86 400
　　　　主营业务成本——6408　　100 800
　　　　其他业务成本　　10 492
　　　　营业税金及附加　　3 600
　　　　销售费用　　30 000
　　　　管理费用　　4 710
　　　　财务费用　　5 800
　　　　营业外支出　　10 000
　　　　所得税费用　　19 609.5

【业务 8-24】　借：本年利润　　1 448 328.5
　　贷：利润分配——未分配利润　　1 448 328.5

【业务 4-25】　借：利润分配——提取法定公积金　　144 832.85
　　贷：盈余公积　　144 832.85

【业务 4-26】　借：利润分配——未分配利润　　144 832.85
　　贷：利润分配——提取法定公积金　　144 832.85

项目九 总账岗位

注：以万元为单位。

【业务 9-1】 借：在途物资 100

应交税费——应交增值税——进项税额 17

贷：应付账款 117

【业务 9-2】 借：银行存款 187.2

贷：主营业务收入——6408 160

应交税费——应交增值税——销项税额 27.2

借：主营业务成本——6408 100

贷：库存商品——6408 100

【业务 9-3】 借：应收账款 21.06

贷：其他业务收入 18

应交税费——应交增值税——销项税额 3.06

借：其他业务成本 10

贷：周转材料 10

【业务 9-4】 借：生产成本 8

制造费用 2

管理费用 2

贷：应付职工薪酬 12

【业务 9-5】 借：长期股权投资 40

贷：投资收益 40

【业务 9-6】 借：银行存款 40

贷：短期借款 40

【业务 9-7】 借：销售费用 2

贷：银行存款 2

【业务 9-8】 借：在建工程 100

贷：银行存款 100

【业务 9-9】 借：长期借款 200

贷：银行存款 200

【业务 9-10】 借：固定资产清理 70

累计折旧 40

贷：固定资产 110

借：银行存款 60

贷：固定资产清理 60

借：固定资产清理 2

贷：银行存款 2

借：营业外支出 12

贷：固定资产清理　　　　　　　　　　　　　　　12

【业务 9-11】 借：管理费用　　　　　　　　　　　　　　　0.08

贷：库存现金　　　　　　　　　　　　　　　0.08

【业务 9-12】 借：固定资产　　　　　　　　　　　　　　　270

贷：在建工程　　　　　　　　　　　　　　　270

【业务 9-13】 借：财务费用　　　　　　　　　　　　　　　1

贷：银行存款　　　　　　　　　　　　　　　1

【业务 9-14】 借：营业税金及附加　　　　　　　　　　　　10

贷：应交税费——应交城建税　　　　　　　　　6

——应交教育费附加　　　　　　　4

【业务 9-15】 借：资产减值损失　　　　　　　　　　　　　8

贷：存货跌价准备　　　　　　　　　　　　　8

【业务 9-16】 借：制造费用　　　　　　　　　　　　　　　40

管理费用　　　　　　　　　　　　　　　10

贷：累计折旧　　　　　　　　　　　　　　　50

【业务 9-17】 借：管理费用　　　　　　　　　　　　　　　0.4

贷：累计摊销　　　　　　　　　　　　　　　0.4

【业务 9-18】 借：应交税费——应交增值税　　　　　　　　20

——应交城建税　　　　　　　　6

——应交教育费附加　　　　　　4

贷：银行存款　　　　　　　　　　　　　　　30

【业务 9-19】 借：生产成本　　　　　　　　　　　　　　　42

贷：制造费用　　　　　　　　　　　　　　　42

【业务 9-20】

损益类账户发生额表

2013 年 12 月 31 日

账　　户	借方发生额	贷方发生额
主营业务收入——6408		160
其他业务收入		18
投资收益		40
主营业务成本——6408	100	
其他业务成本	10	
营业税金及附加	10	
销售费用	2	
管理费用	12.48	
财务费用	1	
营业外支出	12	
资产减值损失	8	
合　　计	155.48	218

税前利润总额＝218－155.48＝62.52

应交所得税＝62.52×25％＝15.63

借：所得税费用　　15.63

　贷：应交税费——应交企业所得税　　15.63

【业务 9-21】 借：主营业务收入——6408　　160

其他业务收入　　18

投资收益　　40

　贷：本年利润　　218

借：本年利润　　171.11

　贷：主营业务成本——6408　　100

　　其他业务成本　　10

　　营业税金及附加　　10

　　销售费用　　2

　　管理费用　　12.48

　　财务费用　　1

　　营业外支出　　12

　　资产减值损失　　8

　　所得税费用　　15.63

表 9-2　资产负债表(答案)

会企 01 表

编制单位：盟江轴承有限公司　　2013 年 2 月 28 日　　单位：万元

资　　产	行次	年初余额	期末余额	负债和所有者权益（或股东权益）	行次	期末余额	年初余额
流动资产：				流动负债：			
货币资金		500	452.12	短期借款		260	300
交易性金融资产		80	80	交易性金融负债			
应收票据		30	30	应付票据		160	160
应收账款		30	51.06	应付账款		100	217
预付账款		2	2	预收账款		34	34
应收股利				应付职工薪酬		24	36
应收利息				应交税费		16	24.89
其他应收款		4	4	应付利息			
存货		364	396	应付股利			
其中：消耗性生物资产				其他应付款		2	2
一年内到期的非流动资产				预计负债			
其他流动资产				一年内到期的非流动负债			
流动资产合计		1 010	1 015.18	其他流动负债			
非流动资产：				流动负债合计		596	773.89
可供出售金融资产				非流动负债：			
持有至到期投资				长期借款		460	260
投资性房地产				应付债券		200	200

续表

资　　产	行次	年初余额	期末余额	负债和所有者权益（或股东权益）	行次	期末余额	年初余额
长期股权投资		200	200	长期应付款			
长期应收款				专项应付款			
固定资产		2 400	2 550	递延所得税负债			
在建工程		170		其他非流动负债			
工程物资				非流动负债合计		660	460
固定资产清理				负债合计		1 256	1 233.89
生产性生物资产				所有者权益(或股东权益)：			
无形资产		20	19.6	实收资本		2 000	2 000
开发支出				资本公积			
商誉				盈余公积		304	304
长期待摊费用				未分配利润		240	286.89
递延所得税资产							
其他非流动资产				所有者权益合计		2 544	2 590.89
非流动资产合计		2 790	2 809.6				
资产总计		3 800	3 824.78	负债和所有者总计		3 800	3 824.78

表 9-3　利润表(答案)

会企 02 表

编制单位：盟江轴承有限公司　　　　2013 年 2 月 28 日　　　　单位：万元

项　　目	行次	本月金额	累计金额
一、营业收入		178	
减：营业成本		110	
营业税金及附加		10	
销售费用		2	
管理费用		12.48	
财务费用(收益以“－”填列)		1	
资产减值损失		8	
加：公允价值变动净收益(净损失以“－”填列)			
投资净收益(净损失以“－”填列)		40	
二、营业利润(亏损以“－”填列)		74.52	
加：营业外收入			
减：营业外支出		12	
其中：非流动资产处置净损失(净收益以“－”填列)		12	
三、利润总额(亏损总额以“－”填列)		62.52	
减：所得税		15.63	
四、净利润(净亏损以“－”填列)		46.89	
五、每股收益			